EFRAÍN VÁZQUEZ VERA

El Puerto Rico pendiente

Una visión de futuro en soberanía

Editorial Libros El Telégrafo

El Puerto Rico pendiente

Una visión de futuro en soberanía

El Puerto Rico pendiente: una visión de futuro en soberanía

Primera edición: 2024

Editorial Libros El Telégrafo

Correo-e: efvave@gmail.com

Todos los derechos reservados.

ISBN 13: 9798876049315

Vázquez Vera Efraín,
El Puerto Rico pendiente: una visión de futuro en soberanía
Editorial Libros El Telégrafo
Correo-e: libroseltelegrafo@gmail.com

ÍNDICE

DEDICATORIA Y AGRADECIMIENTOS

Dios,
por favor dame coraje para
no rendirme en las buenas causas,
así se vean perdidas.
Chester William Nimitz

Este libro se lo dedico a mi familia, en especial a mi esposa, que por tantos años ha tolerado mis sueños y frustraciones, que son también los suyos. A mis padres, Efraín y Ramonita, que por amor siempre me dejaron ser.

A mi hija Marcela Lucía, cuya partida a otras latitudes por estudios fue el detonante para que me animara a escribir este libro. Hija, sabes que papá se ha empeñado en construir un país al que puedas regresar y realizar tus sueños. Lo que más quiero en la vida es envejecer teniéndote cerca.

Igualmente, deseo incluir en mi agradecimiento al escritor y hermano, Juan López Bauzá, que fungió como editor y corrector de este libro. Muchas de las ideas aquí expuestas también son suyas. ¡Gracias Juan!

Agradezco al escritor y políglota, Javier A. Hernández, todo el apoyo de la Editorial Libros El Telégrafo. Gracias por la motivación e inspiración para escribir este libro.

Deseo hacer una mención especial a William Miranda Marín. Mucho de lo que leerán en este libro son ideas y propuestas fruto de nuestras conversaciones. Digamos que este libro comenzó con él.

Además, quiero dedicar este libro a todos los alumnos que pasaron por mi aula universitaria. Son una inspiración y fue un privilegio ser su profesor.

Por último, le dedico el libro a todo aquel que entiende que la regeneración del país depende de nuestra descolonización y soberanía, como primer paso.

INTRODUCCIÓN

Aquellos que tienen el privilegio de saber,
tienen la obligación de actuar.
Albert Einstein

La mayoría de las personas gastan más tiempo y
energías en hablar de los problemas que en afrontarlos.
Henry Ford

A pesar de ser un académico, éste no es un libro académico sino más bien un manifiesto político de un académico. Es decir, es un libro de opinión. Entiendo que he llegado a una madurez intelectual, profesional, personal y de autoridad que me permite hacerlo, reconociendo que lo expuesto aquí sufrirá transformaciones según ocurran los acontecimientos.

Este libro reúne las conclusiones a las que he llegado respecto al futuro político de Puerto Rico, fruto de una vida académica y profesional dedicada a pensar sobre este tema. Aquí está todo lo que he estudiado, leído, investigado, vivido, soñado a través de los años, así como de discusiones con alumnos, colegas, amigos y familiares. A la larga, este libro es mi versión personal de la historia, a la vez que una especie de manual sobre cómo construir un futuro para Puerto Rico que le permita a nuestros familiares y amigos lograr sus metas y sueños aquí en su país, antes de tener que emigrar para alcanzarlos.

Este es uno de los libros que siempre he querido escribir, y tal vez el que otros hubiesen querido igualmente escribir. En tal caso, vale por ellos que lo he escrito también. Nada de lo que aquí se expone es nuevo. Ha sido escrito o explicado anteriormente por mucha gente. La aportación de este libro es la organización y coherencia de ideas antes formuladas.

He puesto empeño en utilizar un lenguaje sencillo para su rápida lectura y fácil comprensión. No ha sido fácil despojarme de aquello que es inherente a la actividad académica: las referencias, la explicación minuciosa, la exactitud de fechas y nombres de los protagonistas. Soy consciente de que es inevitable despojarme de quién soy en aras de hacer posible para cualquiera, incluso para un extranjero, la comprensión del mensaje y el propósito de este libro.

¿Y por qué ahora este libro entonces? Más que nada, porque la gravedad de la situación del país lo manda, sobre todo porque el debate político colonial puertorriqueño se centra en lo cotidiano, lo frívolo, lo inconsecuente y lo poco importante, carente por completo de una visión de futuro sobre el Puerto Rico al que aspiramos.

Es, de hecho, la ausencia de una visión de futuro para Puerto Rico, tanto en la política puertorriqueña como en la estadounidense, la razón principal de este libro. ¿Y a qué llamo una visión de futuro? Pues a una organización de ideas creadoras capaces de formular objetivos, impulsar iniciativas y construir con propósito. Sin visión de futuro no hay posibilidad de éxito. La visión de futuro es un escenario posible que tomamos como punto de referencia y partida para orientar las acciones de un pueblo o de una organización.

Sin visión de futuro no hay dirección, se ronda en círculo, no se avanza. La ausencia de una visión de futuro paraliza, divide y desvía el camino que debe recorrerse. Todo político, partido o movimiento político debe tener una visión de lo que quiere lograr y saber responder a la pregunta: "Al final de esta lucha, ¿qué será diferente y quién se beneficiará?"

La idea principal que ronda este libro sugiere que el problema de Puerto Rico no está totalmente en el estatus, sino en la ausencia de una visión de futuro para el país. Cualquier político puertorriqueño y estadounidense preocupado por el futuro de Puerto Rico que no tenga una visión de futuro, no tiene propuesta, ni solución, y es más bien parte del problema. Quien carece de una visión de futuro no es un político serio, no está preocupado por el porvenir del país, su agenda otra es. Todo puertorriqueño que escuche o tenga de frente a un político debe preguntarse antes que nada cuál es la visión de futuro de este político. Si no la tiene, corresponde descartarlo.

Este libro aspira a esbozar una visión de futuro para el país y a estimular un debate entre aquellos a quienes les preocupa profundamente el futuro del país.

El futuro de Puerto Rico parece un tema recurrente, más que nunca, en el debate cotidiano puertorriqueño. Cuando las cosas están bien, no se habla del futuro sino de cómo continuar y mejorar el presente, dado que el futuro es el presente que se tiene. La preocupación continua por nuestro futuro es indicativa de que vivimos un presente que no queremos como futuro. Y el presente me indicó que las acciones que tomen tanto los puertorriqueños y como los estadounidenses en los próximos años dictaran la ruta del país hacia el futuro.

Como académico y puertorriqueño, me he preguntado continuamente de qué manera puedo aportar en esta coyuntura a una reflexión eficiente y realista sobre nuestro futuro. ¿Pero qué sabemos de este futuro? Lo mínimo, que está lleno de retos, obstáculos, incertidumbre y desasosiego, y convencidos que nuestro futuro es poco alentador, todo nos aterra y paraliza. Ante este cuadro, supe del arranque que, si quería imaginar un futuro posible debía comenzar por tener el presente claro.

Tal vez parezca curioso que, en este esfuerzo, el primer capítulo del libro lo dedique a definir conceptos básicos de la disciplina académica de la ciencia política que vendrán a cuenta en esta discusión. La razón es que, dado el colonialismo, en Puerto Rico se confunden los conceptos básicos, mezclándose a gusto y gana con definiciones muy distintas a las que establece la ciencia política. Dependiendo de quién hable, un concepto puede significar una cosa muy distinta a la establecida, creándose confusión y diálogo entre sordos.

Por tanto, en esta discusión, es imprescindible arrancar teniendo claro los conceptos básicos, de manera que, desde el principio, hablemos el mismo idioma que el resto del mundo habla.

En el segundo capítulo se hace un resumen histórico y conceptual sobre la condición colonial de Puerto Rico. Verán una interpretación personal de la historia fundamentada en hechos históricos que nos permiten entender mejor el cómo y el porqué de nuestra condición colonial. Y más importante aún, cuál es sendero para salir del atolladero en el que se encuentra Puerto Rico.

Los capítulos tres, cuatro y cinco están dedicados las opciones de estatus tradicionales e históricas. No se entra en el laberinto de cada una de ellas, sino en aclarar su naturaleza y su viabilidad.

Por ser la menos conocida, el capítulo seis está dedicado a la cuarta vía de estatus, la libre asociación, presentada en los mismos términos que las anteriores de explicar en qué consiste y su viabilidad.

La propuesta de una visión de futuro para Puerto Rico se presentará en el capítulo siete. No son todos los temas que están, pero si son los más importantes para comprender e imaginar el futuro en Puerto Rico soberano y democrático. Cada uno de los temas en este capítulo puede ser expandido y mejorado, pero son básicamente éstos los lineamientos generales.

Lo más probable que usted, lector, esté de acuerdo con muchos de los argumentos que aquí se plantean, y con otros no tanto. Lo importante es que cada lector sea dueño de sus opiniones y no meramente repetidor de opiniones ajenas. Ser dueño de las opiniones propias es un acto de libertad, contrario a ser esclavo de las opiniones. Es decir, quien solo conoce su opinión no conoce nada. Con este libro, conocerá una opinión más, que, no obstante, le ayudará ser dueño de la suya propia.

CAPÍTULO 1

CONCEPTOS BÁSICOS DE LA CIENCIA POLÍTICA

En los momentos de crisis,
sólo la imaginación es más importante
que el conocimiento.
Albert Einstein

Una gran limitación para entender la condición colonial de Puerto Rico y lograr construir una visión de futuro en soberanía es la confusión que existe en el país con el significado de los conceptos básicos de la ciencia política. Tal confusión es el resultado natural de su condición colonial, nada teniendo que ver con la capacidad humana de los puertorriqueños. Como veremos más adelante, el hecho de que la nación de Puerto Rico no tenga su propio Estado ha permitido que las palabras tengan significados distintos al resto del mundo y la academia.

Aunque la ciencia política es una diciplina relativamente joven, sus conceptos básicos fueron definidos hace tiempo, alguno de ellos hace miles de años. Sus significados han sufrido cambios a través de las épocas, pero han conservado su esencia. Es importante saber que estos conceptos tienen la misma definición en cualquier parte del mundo, de modo que el respeto y tolerancia a ideas políticas no puede ser excusa para desvirtuar o invalidar definiciones establecidas.

¿Qué es la política?

Para comenzar, es importante marcar la diferencia que existe entre política y ciencia política. La política es la actividad humana en la que se ejerce el poder, que es la capacidad de influir en la vida de los demás. Podríamos decir que el propósito del poder político es transformar para bien la vida de los ciudadanos. Pero la política, por definición, no implica imposición. Todo lo contrario, el poder político se ejerce siempre en el marco de la negociación.

Es verdad que hay lugares en el mundo donde la política se ejerce mal, pero no por ello se cambia su significado. En otras palabras, la política mal llevada, la política impuesta, no es política, sino confundir poder con fuerza.

La ciencia política es una diciplina académica, una rama de las ciencias sociales, es decir, es el estudio de la política en las escuelas y las universidades. La ciencia política tiene diversas ramas de estudio o especialización, como son la sociología política, la teoría política, la administración pública, la economía política y la política comparada. Las relaciones internacionales, para algunos, es una rama más de la ciencia política, mientras que para otros es una disciplina separada que forma parte de las Ciencias Sociales y el Derecho.

Quienes se dedican a la política son políticos, mientras quienes se dedican a estudiar política y hacer ciencia política se les llama politólogos. No se tiene que ser politólogo para ser político ni político para ser politólogo. Una cosa no implica la otra.

La palabra política se deriva de la palabra griega *polis*, que significa *Ciudad Estado*. La antigua Grecia no es el país que conocemos hoy con su capital en Atenas, sino que era un conjunto de ciudades independientes unidas mediante alianzas. Igualmente, se derivan de la palabra *polis* las palabras policía, como aquel que vela, guarda y cuida la *polis*, y político, como aquel que se dedica a los asuntos de la *polis*. Etimológicamente, la palabra política quiere decir los asuntos de la *polis*.

El Estado

Aquí se introduce el principal concepto estudiado por la ciencia política, el Estado. Para la ciencia política solo existe una definición de Estado: grupo de personas en un territorio determinado que gozan de soberanía. Para entender bien el significado del Estado, debemos entender primero que soberanía es la capacidad de dicho grupo de personas para gobernarse a sí mismos sin injerencias del exterior. Esta injerencia no es absoluta, ya que los Estados se rigen leyes internacionales llamadas derecho internacional público. Es decir, ser soberano es como mandar en su propia casa, sin que el vecino tome las decisiones y tenga la última palabra en los asuntos de su hogar, pero manteniendo las convenciones básicas de civilidad y respeto entre vecinos.

Si se es un Estado, se es soberano, y si se es soberano, se es un Estado. Decir un Estado soberano es una redundancia. Hoy día existen 197 Estados en el mundo. Casi la totalidad de los seres humanos viven en un Estado. Es lo normal.

No existen requisitos para ser un Estado. Se puede ser rico o pobre, con recursos o sin ellos, grande o chico, poblado o despoblado, desértico o montañoso, con costa o sin litoral marítimo, isla, archipiélago o continente. Tampoco existen requisitos de nacionalidad, ya que un Estado puede ser nacional y tener una sola nacionalidad, o multinacional con muchas nacionalidades. Solo es necesario tener una población, un territorio determinado, el deseo de querer ser soberano, declararlo al mundo y, el elemento más importante, ser reconocido por otros Estados y por la Organización de las Naciones Unidas. El último Estado en ser admitido en la Organización de las Naciones Unidas fue la República de Sudán del Sur el 14 de julio de 2011.

El Estado con mayor población es la República Popular China con 1,413,142,846 habitantes, seguido por la India con 1,399,179,585. El de menor población es el Estado de la Ciudad del Vaticano con aproximadamente mil habitantes. El de mayor extensión territorial es la Federación Rusa con 17,125,246 km2, y el más pequeño es el Estado de la Ciudad del Vaticano, con 0,44 km2. Puerto Rico tiene 8,870 km2 y una población de 3,300,000.

¿Por qué se les llama a los territorios estadounidense de Georgia o Nueva York un Estado si no son soberanos? Los estados estadounidense son partes integral de un Estado llamado Estados Unidos de América. Para la ciencia política llamar Estado a los componentes de Estados Unidos es un error, pero se comprende al tomar en cuenta la historia de su fundación.

En 1776 se independizaron las trece colonias estadounidense de Gran Bretaña. Como se sabe, no se independizó la colonia sino las trece colonias. Es decir, cada una de las trece colonias se convirtió separadamente en un Estado (soberano) al momento de independizarse. No fue hasta 1789 que los trece Estados se unieron para formar un solo Estado llamado Estados Unidos de América, pero a sus partes se les siguió llamando estados.

Es importante recordar que muchos Estados en el mundo llaman a las partes que los componen de formas distintas. A los que en Estados Unidos llama estado, en Argentina llaman provincias, en Suiza cantones y en Alemania *landers*. Además de Estados Unidos, hay otros Estados que también llaman a sus partes estados, como México y Brasil. La explicación está en que, al ser Estados Unidos la primera república de América, mucho imitaron su modelo político. Tanto es así que, en el caso mexicano su nombre oficial es Estados Unidos Mexicanos.

En conclusión, para la ciencia política llamar a Nueva York Estado es un error, no siendo un territorio soberano, y sí parte integral de un Estado llamado Estados Unidos de América. Al no ser soberano, Puerto Rico no es un Estado, pero tampoco formar parte integral de Estados Unidos de América, de modo que tampoco es estado. ¿Entonces qué es? Teniendo presente que no es lo mismo formar parte de que pertenecer a, Puerto Rico pertenece a Estados Unidos como un territorio no incorporado (*Unincorporated Territory*), pero no es parte de Estados Unidos.

Si un independentista puertorriqueño dice aspirar a que Puerto Rico deje de ser colonia para convertirse en un Estado, estaría hablando con toda propiedad según la ciencia política y en el mundo entero lo entendería.

El colonialismo

Si no se es Estado, ¿qué se es? Si existe un grupo de personas en un territorio determinado que no gozan de soberanía, y tampoco forman parte integral de un Estado, la ciencia política los define como una colonia. El Comité Especial de Descolonización (C-24) de la Organización de las Naciones Unidas, el Comité de los 24 que en realidad son 29 miembros, trabaja con una lista de diecisiete colonias en el mundo que deben ser descolonizadas: Anguila, Bermudas, Gibraltar, Guam, Islas Caimán, Islas Malvinas, Islas Turcas y Caicos, Islas Vírgenes Británicas, Islas Vírgenes de Estados Unidos, Montserrat, Nueva Caledonia, Pitcairn, Polinesia Francesa, Sahara Occidental, Samoa Americana, Santa Elena y Tokelau.

Vale aclarar que, bajo el derecho internacional público, el derecho de autodeterminación y descolonización solo aplica a las colonias. En ningún caso se puede llamar colonia o reclamar el derecho a la autodeterminación a las partes integrales de un Estado.

Aunque muchas veces se puede tener la impresión de que las leyes internacionales no se cumplen y el mundo vive una anarquía, no es cierto. El cumplimiento del derecho internacional público es mucho mayor del que no se cumple o ignora. Cada día que pasa, la humanidad progresa en su perfeccionamiento.

Por una coyuntura histórica explicable, Puerto Rico no está incluido en la lista del C-24 a pesar de que todos los años se atiende la condición colonial de Puerto Rico en el C-24. El 27 de noviembre de 1953, la Organización de las Naciones Unidas aprobó la resolución 748 (VIII) que establece el carácter no colonial y de "gobierno propio" del Estado Libre Asociado de Puerto Rico. ¿Por qué se atiende todos los años el caso colonial de Puerto Rico por el C-24 a pesar de la resolución 748 (VIII)?

Para 1953 no se había desarrollado el derecho de descolonización, el cual forma parte del derecho internacional público. Por tanto, las declaraciones estadounidenses de aquel momento, y las posteriores, así como la aprobación misma de la resolución 748 (VIII), ocurrieron en un marco histórico donde no existían leyes internacionales claras sobre la descolonización. Las declaraciones que se hicieron en aquel momento, igual que la aprobación misma de la resolución 748, serían hoy impensables dada la existencia de un derecho de descolonización diáfano y claro.

El derecho de descolonización que aplica a Puerto Rico culminó su conceptualización con las resoluciones de la ONU 1514 (XV) y 1541 (XV) del 14 y 15 de diciembre de 1960, siete años después de la aprobación de la resolución 748 (VIII), por lo que no fue hasta entonces que la comunidad internacional tuvo claro todo lo concerniente a la descolonización.

Dada esta realidad jurídica, podemos decir que todo lo que puertorriqueños y estadounidenses expresaron sobre el carácter no colonial del Estado Libre Asociado de Puerto Rico hasta el 1960 no fue una mentira o engaño, sino que fueron expresiones que respondían al contexto histórico en el que no se tenían muy claros los límites y alcance de la condición colonial.

Hasta finales de 1960 hubo algunas modalidades, variaciones e incluso intentos de propuestas innovadoras de nuevos tipos de relación no colonial como la de Puerto Rico. Pero fue a comienzos de 1961 que el mundo tuvo por primera vez un marco legal amplio que configuró el derecho de descolonización de hoy. Desde entonces, Estados Unidos ha sido en sus declaraciones muy cauteloso, ambiguo e impreciso, reconociendo implícitamente la naturaleza colonial de Puerto Rico según el derecho de descolonización vigente.

Dicho esto, podemos señalar que las colonias en el mundo son 18, siendo Puerto Rico la de mayor población. El derecho internacional público establece que el colonialismo es inmoral, ilegal y debe ser erradicado. De ninguna manera un aparente consentimiento de los colonizados puede legalizar o justificar el colonialismo. Para ser justos, a pesar de que todavía existen colonias, hay que reconocer que el mundo ha sido muy exitoso en la erradicación de esta aberración.

Según el derecho internacional público solo se puede dejar de ser colonia mediante la integración, la libre asociación y la independencia. Un ejemplo de territorio integrado que dejó de ser colonia francesa oficialmente en 1983 es la isla caribeña de Martinica. La República de Palaos dejó de ser colonia estadounidense en 1994 al suscribir un acuerdo de libre asociación con Estados Unidos. En el caso de la independencia, son muchos los ejemplos de descolonización al ser ésta la fórmula más utilizada.

Los Estados que poseen colonias no les llaman oficialmente colonias, sino que utilizan diversos eufemismos para nombrarlas. A modo de ejemplo, Gran Bretaña llama a sus colonias *Overseas Territory*, los franceses le llaman *Collectivité d'outre-mer*. Cabe señalar que las islas caribeñas de Martinica y Guadalupe no son colonias, pues son parte integral del Estado francés. Es decir, estar en Martinica es como estar parado en Paris. Por su parte, Estados Unidos llama oficialmente a sus colonias *Unincorporated Territory*. Así las cosas, Puerto Rico es oficial y legalmente un *Unincorporated Territory* de Estados Unidos, es decir, una colonia estadounidense en el Caribe.

En el Caribe existen varios ejemplos de descolonización y aún existen colonias. Los ejemplos de independencia son: Antigua y Barbuda, Bahamas, Barbados, Belice, Cuba, Dominica, Granada, Guyana, Haití, Jamaica, República Dominicana, San Cristóbal y Nevis (Nieves), San Vicente y las Granadinas, Santa Lucía, Surinam y Trinidad y Tobago. Los casos de integración son: Saba, Aruba, Bonaire, Curazao, San Eustaquio, y San Martín a los Países Bajos; y Guyana Francesa, Martinica, y Guadalupe a Francia.

Las colonias que aún existen son: Isla de Navaza (Territorio no incorporado estadounidense y reclamada por Haití), Islas Vírgenes Estadounidense, y Puerto Rico de Estados Unidos; Anguila, Islas Caimán, Islas Turcas y Caicos, Islas Vírgenes Británicas, y Montserrat de Reino Unido; y San Martín y San Bartolomé de Francia. Cabe señalar que legalmente los Países Bajos no tiene colonias en el Caribe.

La colonización española en el Caribe se concentró en las Antillas Mayores, dejando despobladas las Antillas Menores, aunque reclamando su soberanía. La presencia británica, holandesa y francesa en el Caribe que comienza en el siglo XVI, coincidiendo con las derrotas españolas en Europa, hizo que España abandonara sus reclamos de las Indias Occidentales no habitadas. Además, bucaneros y piratas ayudaron a debilitar el poderío español en la zona, afianzando así los asentamientos europeos.

De esa manera, el siglo XVII se caracterizó por ser el de la conquista definitiva de las Indias Occidentales por Gran Bretaña, Francia y Holanda. El Caribe se convirtió así en la primera colonia de ultramar de Europa. Gran Bretaña utilizó sus colonias del Caribe como experimento para lo que sería la política colonial británica en todo su Imperio.

Cabe recalcar que las colonias europeas en el Caribe fueron tan importantes para las metrópolis que, en siglo XVII, la isla de Barbados llegó a ser la colonia más importante del Imperio Británico, incluso más importante, comercialmente hablando, que las colonias de Virginia y Maryland juntas. No obstante, el tiempo ha demostrado que todo país caribeño que hoy es soberano está mejor que cuando era colonia, quedando probado que la soberanía es una herramienta indispensable de crecimiento, progreso y desarrollo.

Aunque actualmente no existen en el Caribe ejemplos de acuerdos de libre asociación, esta fórmula de descolonización no es ajena a la región. En 1967, mediante la *West Indies Act*, el Reino Unido formó la Asociación de Estados de las Indias Occidentales, creando así un estatuto de libre asociación con las islas de Antigua, Dominica, Granada, San Cristóbal-Nevis-Anguila, Santa Lucía y San Vicente. Bajo este régimen, Gran Bretaña reservaba para sí la autoridad sobre la defensa y las relaciones exteriores de estos Estados. Su terminación comenzó el 7 de febrero de 1974 con la independencia de Granada, y terminó con la independencia de San Cristóbal y Nevis el 19 de septiembre de 1983.

La nación

Otro concepto básico de la ciencia política sobre el cual existe una gran confusión en Puerto Rico es el de nación. Propiamente dicho, la nación es un concepto prestado de la antropología. En otras palabras, la nación es un concepto antropológico y cultural, no político. La antropología define a la nación como un grupo de seres humanos que comparten una cultura, una historia, un idioma y un destino común. Independientemente de que sea un Estado o no, se puede ser una nación.

No cabe duda, porque la antropología así lo establece, que los puertorriqueños son una nación, pero una nación sin Estado. La confusión surge en que lo normal es que una nación tenga su propio Estado, pero hay naciones que no tienen su propio Estado, como los kurdos, los tártaros, los palestinos y los puertorriqueños, entre otros, a la vez que hay Estados, como se explicó anteriormente, que contienen múltiples naciones, como es el caso de la Federación Rusa y el Reino de Bélgica.

¿Qué es la ciudadanía?

La ciudadanía es la condición legal que adscribe una persona a un Estado, asunto muy diferente al concepto de nación. Se trata más bien de una especie de membresía a un club o asociación. Si lo común es que una nación tenga su propio Estado, es igualmente común que una persona tenga la ciudadanía que represente a su nacionalidad. Es decir, que si se es de nacionalidad francesa, tendrá igualmente la ciudadanía del Estado de Francia. En el caso de los puertorriqueños, por la condición colonial, su ciudadanía es diferente a la de su nacionalidad.

Hay personas que tienen más de una ciudadanía y esto se debe a las maneras en que comúnmente ésta se adquiere. Por lo general, son tres las maneras de adquirir la ciudadanía, algunas variando de Estado en Estado. La primera es *Ius Soli* o derecho de suelo, la segunda *Ius Sanguinis* o derecho de sangre, y la tercera naturalización. El derecho de suelo hace referencia a que una persona adquiere la ciudadanía de un Estado por nacimiento en ese Estado.

El derecho de sangre es la forma de adquirir la ciudadanía a través de los padres. En este sentido, si un niño nace en Estados Unidos y su madre es ciudadana venezolana y el padre es ciudadano argentino, el niño tendría el derecho a tres ciudadanías. Su nacionalidad se desarrollará dependiendo de muchos factores, pero si el niño al nacer vive toda su vida en México, en la adultez probablemente diga que es mexicano. Por último, tenemos la naturalización, proceso legal mediante el cual una persona adquiere la ciudadanía de un Estado.

Hay que cumplir con requisitos muy estrictos que casi siempre incluyen la residencia legal por una cantidad de años en el Estado del que se quiere naturalizar, exámenes de idioma e historia, así como un juramento de lealtad al Estado. No todos los Estados permiten la naturalización.

La pregunta que nos atañe para esta discusión sería por cuál de las tres vías los puertorriqueños llegaron a ser ciudadanos estadounidenses, y la respuesta es por ninguna de las anteriores. La ciudadanía de los puertorriqueños fue impuesta en 1917 mediante una ley del congreso estadounidense. Se trata de una construcción colonial en un laberinto que establece por ley que todo aquel que nazca en Puerto Rico es ciudadano de Estados Unidos, porque al nacer en Puerto Rico "equivale" a nacer en Estados Unidos, aunque no se nazca en Estados Unidos.

¿Se puede renunciar a la ciudadanía? Depende del Estado. Países como Marruecos, República Dominicana y Argentina no permiten la renuncia de la ciudadanía. Otros permiten suspenderla, como España, y por último tenemos los que permiten la renuncia, como Estados Unidos. Un estadounidense solo puede renunciar a su ciudadanía estadounidense en una embajada de Estados Unidos. ¿Puede un puertorriqueño renunciar la ciudadanía de Estados Unidos? La respuesta es no, si se pretende continuar viviendo en Puerto Rico.

Es decir, para que un puertorriqueño pueda renunciar a la ciudadanía estadounidense debe abandonar su tierra y adquirir otra ciudadanía. En 1994 el abogado puertorriqueño Juan Mari Brás renunció a su ciudadanía estadounidense en la embajada de Estados Unidos en Venezuela. Posteriormente se le informó de su desnaturalización en su pueblo natal de Mayagüez, Puerto Rico. En ese momento se creó una contradicción de esas que solo ocurren en las colonias.

Según las leyes migratorias estadounidenses, para ser residente legal en Puerto Rico se debe ser ciudadano estadounidense o tener un estatuto migratorio legal. Las personas que no cumplen con estos requisitos y viven en Puerto Rico se convierten en lo que coloquialmente se les llama ilegales. Nadie es ilegal, por lo que la forma correcta de llamar la condición migratoria de estos seres humanos es irregular.

Así las cosas, no siendo Juan Mari Brás ciudadano estadounidense, ni teniendo un estatuto legal migratorio legal, se convirtió en un irregular en su propia tierra. La ley migratoria estadounidense establece que un ser humano en condición irregular debe ser detenido y en su caso repatriado a su lugar de origen. Es decir, Juan Mari Brás, por ser irregular, debía ser arrestado o detenido en su hogar en Mayagüez y repatriado a su hogar en Mayagüez.

Cuando Estados Unidos se dio cuenta de esta contradicción y el laberinto colonial en el que se encontraba, y dado el deseo de muchos puertorriqueños de imitar la acción de Juan Mari Brás, no le quedó otra opción que revocar la desnaturalización del abogado mayagüezano. Juan Mari Brás falleció en el 2010 con la nacionalidad puertorriqueña y la ciudadanía estadounidense. Todo puertorriqueño que invite a un puertorriqueño que promueve un Puerto Rico soberano a renunciar a la ciudadanía estadounidense debe recordar este caso, y asumir que en realidad está sugiriendo que abandone Puerto Rico por siempre.

Las ideologías políticas

En Puerto Rico se entiende erróneamente que las preferencias de estatus político son ideologías políticas. Una ideología es un concepto de la ciencia política que en Puerto Rico está mal entendido. Si las preferencias de estatus político fueran ideologías, la descolonización representaría el fin de la ideología política en Puerto Rico.

Una ideología política es un conjunto de teorías, postulados y preferencias de cómo administrar y organizar un Estado. Las líneas generales de las principales ideologías políticas del mundo están claramente definidas por la ciencia política: fascismo, anarquismo, marxismo, socialdemocracia, democracia de centro (demócratas cristianos), verdes y liberales.

Toda persona tiene una preferencia de ideología política igual que tiene una preferencia por algún tipo de música o color. Se trata de una preferencia, un gusto político que cada uno de nosotros tiene de cómo se debe gobernar un Estado. Por la condición colonial, el debate político puertorriqueño no es ideológico sino un debate de preferencia de estatus. Al no ser Puerto Rico un Estado, la política y los partidos políticos se organizan acorde con sus preferencias de estatus político final.

La mayoría de los puertorriqueños no conoce cuál es su ideología pues está ajena a un debate político ideológico, inherente a los Estados. Es de esperarse que, una vez se descolonice Puerto Rico en soberanía, la política en Puerto Rico se organice ideológicamente y, en el debate democrático que ha de surgir, los puertorriqueños manifestarán sus preferencias ideológicas.

Los partidos políticos

La ciencia política define a los partidos políticos como organizaciones de individuos que aspiran al poder político, entendiéndose el poder político como la capacidad de influir positivamente en la vidas de las personas.

El poder político se tiene o no se tiene. No existe tal cosa como un poco de poder, o tenerlo en ocasiones, o tener para en algunas cosas y para otras no, o tenerlo a veces, o dependiendo del caso. El poder político es tener siempre la última palabra en temas como defensa, relaciones exteriores, moneda, inmigración, aduanas, comercio exterior, banca, telecomunicaciones, salud, educación, entre otros. Estos son los componentes del poder político que pueden transformar positivamente la vida de los ciudadanos. Nadie duda, por ejemplo, que el Presidente de la República Dominicana y su gobierno ejerce el poder político en su Estado.

En cuanto a Puerto Rico, ¿quién ostenta el poder político? La respuesta es Estados Unidos. El gobierno colonial puertorriqueño no ejerce el poder político en Puerto Rico. ¿Qué autoridad tiene el gobernador de Puerto Rico y su gobierno en los componentes del poder político? Ninguna. En otras palabras, al no ejercer el poder político, el gobierno colonial puertorriqueño no tiene la capacidad de transformar positivamente la vida de los puertorriqueños.

La poca autoridad que tiene el gobierno colonial puertorriqueño es delegada por Estados Unidos en temas inconsecuentes y de poca monta que no podrán transformar positivamente la vida de los puertorriqueños. La afirmación de que en Puerto Rico mandan los puertorriqueños es falsa.

Así las cosas, cabe preguntarse si los partidos políticos puertorriqueños son realmente partidos políticos según la ciencia política. La respuestas es que tampoco lo son, pues no pueden aspirar al poder político. En todo caso, lo correcto sería llamar a los partidos políticos coloniales.

La descolonización y la soberanía en democracia creará inevitablemente en Puerto Rico partidos políticos que aspirarán al poder político y estarán organizados en ideologías políticas. La política, las supuestas ideologías y los partidos políticos tal como los conocemos hoy, desaparecerán, abriéndole paso a la política real del debate ideológico en democracia.

La democracia

Por último, y no menos importante, hablemos de democracia. Se trata de un concepto antiguo que ha significado muchas cosas a través del tiempo. No es lo mismo la democracia de hoy que la de la antigua Grecia.

En concepto contemporáneo o moderno de la democracia fue creado por un filósofo inglés llamado John Locke. El concepto que surge de sus escritos, en especial *Ensayo sobre el gobierno civil*, es lo que se conoce como democracia liberal o liberalismo político. Dicha democracia liberal la definió como aquella donde existe un gobierno con el consentimiento de los gobernados expresado por medio de su voto mayoritario.

Sobra decir que tal consentimiento debe darse en libertad y de forma pacífica, cumpliendo con ciertos requisitos para filtrar lo que es consentimiento de lo que no es. Posteriormente, otros escritores elaboraron en las lagunas dejadas por el pensamiento de Locke, por ejemplo, qué se entiende por mayoría. ¿Simple o absoluta? El consenso mundial indica que la forma más democrática posible es la mayoría absoluta.

Es importante comprender que hay democracias mejores que otras. Aunque no existe la democracia perfecta, hasta el momento ha demostrado ser el mejor sistema de gobierno que el ser humano ha creado. Debe evitarse pensar que una elección hace la democracia. Existen muchas elecciones sin garantías que no cumplen con los parámetros mínimos de pluralidad, transparencia y libertad, así como también existen elecciones en las que no se eligen a los gobernantes, como en las colonias, como en Puerto Rico.

Entonces, ¿qué se es cuando no se es democrático? Existen tres alternativas: dictadura, régimen autoritario o colonia. En una dictadura los poderes del Estado están concentrados en una sola persona, el dictador. En un régimen autoritario existe una estructura gubernamental, constitución, poder legislativo, leyes, un sistema judicial, como en una democracia, pero sin serlo. Para comprender mejor la diferencia, si un opositor es arrestado por expresarse contra el dictador es porque el dictador así lo quiere, mientras que en un régimen autoritario se encarcela al mismo opositor porque la ley autoritaria lo establece. Es un matiz de la misma cosa.

Sin importar cuántas elecciones se realicen, las colonias, por definición, no son democráticas. Tomando la definición de John Locke, el problema fundamental en una colonia es que se elige en una elección a quien no gobierna realmente, dado que quien gobierna es el colonizador. Es decir, Puerto Rico no puede ser una democracia liberal siendo a la misma vez colonia. Elegimos cada cuatro año a quien no gobierna, pues quien gobierna en Puerto Rico es los Estado Unidos, que impone leyes y reglamentos en Puerto Rico creados por personas no electas por los puertorriqueños.

Puerto Rico no es una democracia. Sin duda la mayoría de los puertorriqueños valoran la democracia, pero se debe ser consecuente. Si se cree en la democracia, se debe aspirar a ella, se debe construir y se debe demandar. Importa comprender que es imposible lograr el Puerto Rico que todos aspiramos sin democracia. Pretender resolver todos los retos que enfrenta Puerto Rico sin democracia es pura quimera. La descolonización de Puerto Rico significa aspirar a un gobierno que gobierne, con el consentimiento de los gobernados, es decir, en democracia.

CAPÍTULO 2

LA COLONIA ESTADOUNIDENSE DE PUERTO RICO

La crisis ocurre cuando lo viejo no acaba de morir,
y lo nuevo no acaba de nacer.
Eugen Berthold Friedrich Brecht

El cambio es ley de vida.
Cualquiera que sólo mire al pasado o al presente,
se perderá el futuro.
John Fitzgerald Kennedy

Estados Unidos de América es un Estado joven, creado en el 1789 luego de la victoria épica y casi increíble de las trece colonias contra Gran Bretaña que, en aquella época, era una de las grandes potencias mundiales. En un principio, tras la victoria, dado que Gran Bretaña no había renunciado del todo a sus colonias, Estados Unidos se vio amenazado y en posición de extrema debilidad. En aras de garantizar su seguridad, se entendió que Estados Unidos debía imitar a las grandes potencias mundiales para convertirse en una de ellas.

Ser una potencia mundial fue desde un principio un destino de supervivencia para la joven nación. Y en aquella época se entendía como requisito indispensable para ser potencia mundial poseer colonias, lo que es una contradicción, habiendo surgido Estados Unidos de la lucha contra el coloniaje que sufrió en carne propia. Al llegar tarde al reparto colonial mundial, no tuvo más remedio que expandirse hacia el oeste y encontrar alguna oportunidad de adquirir, por compra, algunas colonias de potencias mundiales en decadencia.

En este sentido, se debe reconocer que Estados Unidos no es una potencia por vocación y tradición colonial, lo cual explica su trayectoria de manejo deficiente de sus colonias.

Ante la decadencia y los problemas económicos del Reino de España, Estados Unidos identificó la oportunidad de obtener territorios españoles en América mediante la compra. En varias ocasiones, ofreció comprarle Puerto Rico a España, pero España se negó siempre. La posición geográfica del archipiélago de Puerto Rico lo convierte en una plaza militar ideal para garantizar las rutas marítimas militares y comerciales en el Caribe.

De modo que, al igual que España, el interés de Estados Unidos en Puerto Rico fue siempre militar y comercial, siendo a la vez fuente de productos tropicales que Estados Unidos no tendría que importar a precios excesivos.

¿Cómo Puerto Rico llegó a ser colonia estadounidense?

Puerto Rico se convirtió en una colonia de Estados Unidos por un acto de guerra y por causa de fuerza mayor. Como resultado de su derrota en la Guerra Hispanoamericana, España cedió la soberanía de Puerto Rico a Estados Unidos mediante el Tratado de París del 10 de diciembre de 1898. Desde ese momento hasta el día de hoy, Estados Unidos es el dueño y señor de la soberanía de Puerto Rico, viviendo los puertorriqueños todavía hoy las consecuencias de una guerra imperial de finales de siglo XIX.

La abominable circunstancia colonial creada por el Tratado de París persiste, lo que resulta del todo anacrónico. La soberanía puertorriqueña fue transferida al triunfador sin consultar a la parte afectada, es decir, a los puertorriqueños.

Vale subrayar que la presencia estadounidense en Puerto Rico comenzó con una invasión militar ocurrida el 25 de julio de 1898. El 12 de mayo, la armada estadounidense bombardeó a San Juan con unos 1,300 proyectiles que causaron 7 fallecimientos y 57 heridos. Estados Unidos pospuso la invasión de Puerto Rico casi hasta al final de la guerra por reconocer que, militarmente, era un hueso duro de roer. No fue hasta derrotar a España en Cuba y Filipinas que la invasión de Puerto Rico ocurrió, en una zona apartada (la bahía de Guánica), desmilitarizada y mínimamente fortificada.

Para los estadounidenses era impensable realizar una invasión frontal en San Juan por ser una plaza militar inexpugnable. Una vez en tierra puertorriqueña, los estadounidenses nunca pretendieron avanzar hacia San Juan para su conquista, ocupando su tiempo en escaramuzas mientras ganaban tiempo ante el inminente y seguro armisticio. Dado el poderío militar español en la isla, sus posiciones fuertemente atrincheradas y las enfermedades tropicales que diezmaron a las tropas invasoras, es muy probable que los estadounidenses no hubiesen logrado una victoria militar en Puerto Rico. Así las cosas, se puede afirmar que Estados

Unidos nunca obtuvo la victoria militar y tampoco ocupó efectivamente a Puerto Rico.

Al principio, en París, donde las partes negociaban la paz, Puerto Rico no se encontraba en la lista de territorios españoles a ser cedidos por España. No fue hasta el final que los estadounidenses demandaron la inclusión de Puerto Rico, a lo cual España se opuso enérgicamente. Tras las amenazas de Estados Unidos a España con continuar la guerra, España tuvo que ceder. De esta manera, la aspiración estadounidenses de ser una potencia mundial al viejo estilo europeo fue consumada.

El plan colonial estadounidense para Puerto Rico

Desde mucho antes de la invasión estadounidense a Puerto Rico el 25 de julio de 1898, Estados Unidos tenía claro el destino que le daría a su nuevo botín de guerra en el Caribe: convertirlo en base militar y en una *Sugar Cane Island*. Desde el inicio, Estados Unidos llegó para quedarse y nunca irse, y la estrategia desarrollada para consumar este plan fue más que efectiva. Primer paso, debilitar a la pequeña burguesía puertorriqueña atacándola por dos flancos: la política para eliminar la amenaza de la independencia, la cual daría al traste con el plan estadounidense; y la económica, para obligarles a vender al capital estadounidense las tierras donde construir bases militares y desarrollar el monocultivo de la caña de azúcar.

Con este propósito, el nuevo aprendiz de metrópolis devaluó el peso puertorriqueño, reduciendo el capital y el ahorro puertorriqueño a casi la mitad; prohibió el crédito a la pequeña burguesía puertorriqueña para impedir que pidieran prestado; e hizo a Puerto Rico parte del sistema aduanero estadounidense, lo que trajo como consecuencia que los exportadores puertorriqueños perdieran sus tradicionales mercados europeos.

Como era de esperarse, estas medidas estadounidenses quebraron a Puerto Rico y a su pequeña burguesía, la cual vendió o entregó sus tierras al mejor postor, consumándose así el proyecto colonial estadounidense en el archipiélago. Igualmente, al perder su poder económico, la pequeña burguesía puertorriqueña perdió su influencia política, lo que esfumó una amenaza futura de independencia. Ésta fue la primera gran quiebra colonial de Puerto Rico.

Desde el inicio, Estados Unidos impuso en Puerto Rico el gobierno colonial que aún perdura. Aunque reconocieron algunos derechos civiles a los puertorriqueños, por tratarse de derechos incompletos, supeditados a la autoridad última de los intereses del colonizador, siempre fueron insuficientes para formar una sociedad plenamente democrática. Subrayemos que una democracia verdadera en Puerto Rico va contra los intereses estadounidenses, como en cualquier colonia, pese a la apariencia democrática con que Estados Unidos ha querido vestirla. Tras un siglo de colonialismo estadounidense, podemos establecer sin temor a equivocarnos que Puerto Rico no ha vivido ni un minuto en democracia.

En el ámbito económico, la primera mitad del siglo XX puede calificarse de pobreza extrema y avances mínimos. Destaquemos que cualquier avance económico o social en Puerto Rico ocurre porque sirve a los intereses estadounidenses, no porque el colonizador, en su magnanimidad, decida impartir justicia social o económica a los puertorriqueños. En términos generales, la política colonial socioeconómica estadounidense en Puerto Rico puede definirse como un rotundo fracaso.

Lo único que puede reclamar es haber creado una economía colonial artificial, mantenida en estado de coma mediante respiración asistida, que no sirve a los intereses de la nación puertorriqueña. Obviamente, se observan algunos avances socioeconómicos, reconociendo que se partió de la nada, pero esos avances son mínimos, y responden a un avance exiguo y artificial fruto del poco esfuerzo y el menos empeño.

La Segunda Guerra Mundial y la Guerra Fría

Las primeras décadas del siglo XX se puede calificar para Puerto Rico como una etapa perdida en nombre del colonialismo estadounidense, con mínimos avances democráticos, políticos y económicos. Estados Unidos se preocupó solo por consolidar su presencia colonial en Puerto Rico, dejando desamparada a la población. La pobreza y la carencia de servicios sociales para los puertorriqueños era evidente y extrema. Mientras las empresas transnacionales estadounidenses lograban grandes beneficios y el archipiélago se convertía en una gran base militar, las necesidades del pueblo quedaron desatendidas.

En consecuencia, creció en Puerto Rico un sentimiento independentista que se convirtió en una amenaza seria al régimen colonial. Ante tal amenaza independentista, Estados Unidos cambió de estrategia y comenzó algunos programas sociales para paliar la miseria y el fervor independentista. Fue insuficiente y tarde, y parecía solo cuestión de tiempo el fin del dominio colonial estadounidense en Puerto Rico, pero un evento mundial cambió radicalmente la estrategia colonial estadounidense en Puerto Rico.

La Segunda Guerra Mundial irrumpió y trajo consigo un renacer y fortalecimiento del interés militar estadounidense en

Puerto Rico. ¿Cómo compaginar esta renovada voluntad de dominio a toda costa en Puerto Rico con la voluntad militante del independentismo puertorriqueño? Reprimiendo al independentismo y otorgando más asistencia social a los desamparados puertorriqueños. Sobra decir que la estrategia fue exitosa.

El independentismo puertorriqueño pasó de ser una mayoría a ser hoy una minoría, mientras en el ámbito social las necesidades básicas de los puertorriqueños fueron atendidas mínimamente. Así las cosas, dado el papel estratégico jugado por Puerto Rico durante la Segunda Guerra Mundial, quedó garantizada la permanencia estadounidense en el archipiélago.

El fin de la Segunda Guerra Mundial fue el comienzo de una nueva guerra, la Guerra Fría, y con ella un nuevo papel colonial para Puerto Rico. El interés militar y económico de los estadounidenses quedó sellado por intereses geopolíticos e ideológicos. Ante el nuevo escenario internacional, se hizo necesario eliminar la amenaza de la independencia y satisfacer las necesidades básicas de los puertorriqueños.

El mundo post Segunda Guerra Mundial trajo una ola de descolonización en el mundo entero. Si Estados Unidos quería mantener a Puerto Rico, era urgente ser creativos y actuar con prontitud aprovechándose de las lagunas que existían en aquel momento sobre cómo descolonizar. Ser una potencia vencedora le facilitaría las cosas, y así nació el Estado Libre Asociado de Puerto Rico que, con un cambio de nombre y la apariencia de un gobierno democrático, fue presentado al mundo como una fórmula descolonizadora de "gobierno propio", sin dejar de ser, por supuesto, lo que fue siempre: una colonia.

Una vez despejada la amenaza de descolonización e independencia mediante represión y artimañas legales, Estados Unidos procuró presentar a Puerto Rico como la "vitrina de la democracia en América", en aras de contraponerlo al avance de la ideología marxista en América Latina y el Caribe. Los estadounidenses buscaban con el ejemplo crear el contraste entre lo que significaba estar con ellos y lo que significaba estar con los otros.

Para ello, hubo que desarrollar a Puerto Rico de manera súbita, y dado que la asistencia social no era suficiente, se utilizó al recién estrenado gobierno colonial puertorriqueño para fomentar la emigración, comenzando así lo que sería uno de los mayores éxodos en el mundo de la época contemporánea. Muchos puertorriqueños desplazados, desempleados, sin educación formal y sin un papel que jugar en el nuevo diseño colonial estadounidense, emigraron a Estados Unidos obligados por las condiciones económicas.

Actualmente, y debido a este fenómeno migratorio que comenzó entonces, más de la mitad de los puertorriqueños viven fuera de Puerto Rico. Y, como era de esperarse, de forma "espontánea y milagrosa", las estadísticas socioeconómicas de Puerto Rico mejoraron, creando una ficción o espejismo de éxito económico que muchos creyeron y todavía creen.

Pero estas acciones fueron insuficientes al no atenderse un factor esencial de la ecuación: proveerle empleos a quienes no emigraron. Hubo que crear empleos en Puerto Rico de forma rápida. Más que el inicio a la industrialización de Puerto Rico, se trató de satisfacer de manera artificial una necesidad geopolítica derivada de la Guerra Fría. Estados Unidos creó las condiciones para hacer a Puerto Rico atractivo para el capital industrial estadounidense y de esta forma crear empleos.

La puesta teatral fue consumada en Puerto Rico. No fue necesario que los estadounidenses hicieran grandes esfuerzos para defender y mantener el nuevo escenario colonial dado que una nueva casta colonial de puertorriqueños lo haría por ellos, elaborando así un mito colonial que justificaba la relación: el Estado Libre Asociado.

La máscara colonial de este mito cayó en 1989 al finalizar la Guerra Fría y emerger la realidad palpable y trágica. Los intereses económicos y militares estadounidenses en Puerto Rico se desvanecieron. Puerto Rico dejó de tener un papel significativo, si alguno, en el nuevo escenario mundial en el que Estados Unidos y sus aliados se alzaron con la victoria. El bloque marxista perdió y Puerto Rico también.

Gradualmente, la presencia militar estadounidense en Puerto Rico disminuyó ante la ausencia de un enemigo y el surgimiento de una nueva forma de hacer la guerra. Los incentivos económicos al capital estadounidense disminuyeron hasta casi desaparecer. En el mundo post Guerra Fría, la globalización se abrió paso y el modelo colonial de Puerto Rico expiró. No solo los incentivos y las ayudas disminuyeron, sino que Estados Unidos suscribió acuerdos de libre comercio con quien pudo, convirtiendo a muchos otros lugares del planeta en más atractivos para la inversión que Puerto Rico. Como consecuencia de esto, las inversiones y ayudas disminuyeron, y lo inevitable se consumó: la segunda gran quiebra colonial.

La segunda quiebra colonial

La colonia estadounidense de Puerto Rico en el Caribe quebró irremediablemente por segunda vez, quedando apenas una caricatura de aquella "vitrina de la democracia" que Estados Unidos pretendió hacerle creer al mundo que era. Lo que aparentó ser una vez el modelo estadounidense para América Latina y el Caribe, es hoy el fracaso de un modelo colonial de otros tiempo que sangra profusamente.

La degradación puertorriqueña ha sido lenta, pero constante. A través de la historia reciente, muchas voces profetizaron la hecatombe puertorriqueña que hoy vivimos, pero fueron ignoradas y silenciadas. Hoy no hay sorpresas, pero sí perplejidad para los incrédulos.

Resulta desconcertante ver cómo los puertorriqueños, en su ensimismamiento, intentan comprender la quiebra del país y cómo recuperarse de ella. La casi total ausencia en el país de un debate serio y sosegado sobre cuál es el origen de la enfermedad y cómo curarla empeora su condición. Y aunque ya es evidente que el responsable principal de la quiebra colonial puertorriqueña es Estados Unidos, sometiendo a Puerto Rico a una relación política y económica inmoral, injusta, antidemocrática y discriminatoria que impide el desarrollo y la recuperación, resulta triste ver a los colonizados puertorriqueños culparse a sí mismos de la debacle.

Dado que el modelo económico colonial de la Guerra Fría quedó obsoleto, se intentó mantenerlo vivo mediante préstamos de capital estadounidense que llegaron acumular la colosal e impagable deuda de sobre 70 mil millones de dólares.

Esta situación ha puesto a Puerto Rico en una crisis inédita en su histórica y ante el mundo, crisis que resulta incomprensible e inmanejable para todo el que no la vea desde la óptica del colonialismo. Y dado que Puerto Rico no cuenta con las herramientas que ofrece la soberanía para enfrentar su crisis, las fórmulas y recetas tradicionales disponibles son insuficientes y hasta contraproducentes. La competitividad productiva, las reformas institucionales y la inversión, respuestas naturales ante cualquier crisis de deuda, en Puerto Rico están ausentes.

Convenientemente, Estados Unidos se ha desentendido por completo de la tragedia puertorriqueña, ignorando ser ellos los principales culpables de diseñar un modelo colonial servil, ajustado a intereses ajenos a los puertorriqueños. Asumen la quiebra puertorriqueña como extranjera y distante, como una deuda argentina. Y este desinterés de Estados Unidos puede explicarse fácilmente cuando vemos que el capital estadounidense ha encontrado nuevos y más atractivos paraísos para sus inversiones.

En esta situación un tanto descabellada, cabe preguntarse quién se ha beneficiado de la titánica deuda puertorriqueña si no ha sido el mismo capital estadounidense que la ha prestado. Parece una contradicción, pero no lo es, sobre todo cuando comprendemos que, históricamente, las colonias son apéndices económicos al servicio de los intereses de la potencia colonizadora. La colonia siempre es explotable. Incluso cuando ya no produce nada, se puede explotar su falso crédito hasta quebrarlo, para luego desposeerla de sus bienes y activos.

Puerto Rico tiene una economía colonial periférica que tomó prestado desmedidamente con el crédito de Estados Unidos. Al parecer, al momento de otorgar los préstamos, más valió la nefasta o conveniente relación de asociación de Puerto Rico con Estados Unidos que la verdadera situación económica y fiscal del país para determinar si podían asumirse tales deudas. Esto nos lleva a la preguntar inevitable de si quienes prestaron lo hubiesen hecho de Puerto Rico no ser colonia estadounidense.

Los prestamistas tenían la certeza de que prestaban de más, y que era imposible cumplir con los pagos de la deuda. ¿Cómo entonces, conociéndose esta verdad, se estimularon los préstamos? No es un secreto que la motivación y naturaleza del prestamista es la ganancia, o mejor dicho, la usura. Podemos estar seguros de que, sin importar que se pagara o no, los prestamistas hicieron, y continuarán haciendo, ganancias jugosas de la subordinación económica de los puertorriqueños con el contubernio del gobierno estadounidense.

Desde luego, como también es común en las colonias, una parte de este dinero prestado fluyó hacia los bolsillos de los corruptos, y otra financió obras faraónicas sin utilidad ni efecto real socioeconómico para el país.

¿Cómo puede Puerto Rico entonces enfrentar su crisis sin los poderes y las herramientas para salir de ella? En esta contienda con los prestamistas, como si se tratara de una pelea de boxeo, Puerto Rico se enfrenta sin condición física y con un brazo atado a la espalda. Y para colmo, con un entrenador y un equipo de apoyo, es decir, con una clase política, cómplice del contrincante, que solo finge querer sacar a los puertorriqueños de su crisis. Sin duda, además de económica y financiera, la crisis es también política y social, y su origen es el pecado original del colonialismo que padecen los puertorriqueños.

Aceptar la verdad anteriormente expuesta es un paso indispensable para comenzar a recomponer a Puerto Rico. Es decir, será para efectos prácticos imposible enfrentar efectiva y definitivamente la quiebra puertorriqueña sin superar la relación de subordinación política a los Estados Unidos. Intentar desquebrar a Puerto Rico sin vincular obligatoriamente el proceso a la descolonización, será un acto frívolo, con el efecto certero de perpetuar y ahondar la crisis.

Existe un consenso en Puerto Rico sobre todos los males que le aquejan, siendo todos expertos en enumerarlos y describirlos: corrupción, criminalidad, violencia, desempleo, pobreza, emigración, medioambiente, salud, educación, etc. Cada uno son síntomas de una enfermedad compleja que el gobierno puertorriqueño intenta paliar, pero no curar. La enfermedad que pone en peligro el futuro de los puertorriqueños es el colonialismo, cuya cura solo puede ser la descolonización y la soberanía. Desde luego, es verdad que en otros países soberanos también se pueden ver los mismos síntomas, pero la enfermedad que los genera no es el colonia, no es la injerencia de un gobierno ajeno con intereses ajenos la razón de sus penurias.

El colonialismo es una amenaza para nuestro futuro. Puerto Rico no podrá alcanzar la prosperidad y su desarrollo bajo un régimen colonial. No importa el empeño que pongamos por lograr el país al que aspiramos, será imposible bajo el colonialismo estadounidense. En otras palabras, la historia de la relación colonial entre Puerto Rico y Estados Unidos ha sido una de oportunidades perdidas en nombre de ilusiones insostenibles, siendo este modelo económico colonial una seria amenaza a la supervivencia de Puerto Rico.

De lo que sí podemos estar seguros es de que, de no atenderse la situación de subordinación política del país, su economía empeorará en los próximos años y no verá la luz al final del túnel. Estados Unidos impuso por ley a Puerto Rico, en el 2016, una Junta de Control Fiscal que es antidemocrática, colonial y que no responde a los intereses de los puertorriqueños, haciendo más evidente aún para el incrédulo la realidad del colonialismo en Puerto Rico. Lo que sería ilegal para un estado de Estados Unidos o para un país soberano, es legal en la colonia de Puerto Rico. Por tanto, se puede afirmar que las acciones de la Junta han ahondado y perpetuado la quiebra colonial puertorriqueña.

He aquí algunos puntos sobre la segunda quiebra colonial:

1. Puerto Rico se endeudó irresponsablemente porque le prestaron irresponsablemente, por lo que existe una culpa compartida.

2. Estados Unidos tiene responsabilidad compartida pues se tomó prestado con su crédito. Se trata de una deuda de dos.

3. La deuda puertorriqueña debe ser auditada y detallada.

4. La deuda puertorriqueña debe ser negociada, restructurada y en parte condonada, con el objetivo de impulsar el desarrollo socioeconómico del país.

5. No se deben afectar los servicios básicos a los ciudadanos.

6. No se deben promover más recortes, lo cuales han demostrado a la saciedad que ahondan y perpetúan la crisis.

7. Cualquier plan de restructuración debe ir acompañada de una reforma de las instituciones políticas y de la descolonización de Puerto Rico.

El futuro de la economía colonial

En reiteradas ocasiones escuchamos argumentos de que para resolver el problema colonial de Puerto Rico antes se debe poner de pie la economía. Quienes defienden este argumento parten de la premisa, equivocada por supuesto, de que es posible lograr una economía robusta bajo el actual sistema colonial. Creen posible que, bajo una economía colonial, quebrada e improductiva, se podrá lograr el milagro de la recuperación económica.

Repiten y defienden como un mantra que ante todo la economía, economía quebrada y dañada por el colonialismo que se pretende que el colonialismo la recomponga.

Toda colonia en la historia de la humanidad, por definición, tiene adjudicado el papel de ser "apéndice" económico de la metrópoli. Toda economía colonial está siempre al servicio de los intereses y el consumo de la potencia colonial, y por ello precisamente no es productiva sino consumista. La única manera de sostener una economía colonial consumista es mediante subsidios, donaciones y préstamos, como la de Puerto Rico.

La economía colonial puertorriqueña está bien definida como apéndice de la economía productiva estadounidense. Está diseñada para consumir bienes y servicios producidos o distribuidos desde Estados Unidos. Tanto es así, que Puerto Rico es uno de los principales mercados del mundo para el consumo de bienes y servicios producidos o distribuidos de Estados Unidos.

Toda economía colonial como la nuestra, de servicios y consumo de bienes de la potencia colonizadora, a la vez es exportadora de materia primas para la metrópolis. En nuestro caso, exportamos mano de obra y productos manufacturados en Puerto Rico para ser vendidos y distribuidos (comercializados) al mundo desde Estados Unidos. Por no ser economías productivas en las que el sector privado sea el principal generador de empleo, las economías coloniales tienen al gobierno como su principal patrono.

Dada la incapacidad del sector privado para generar empleo y absorber a los trabajadores desplazados del sector público, cuando en Puerto Rico se recortan empleos en el sector público se afecta negativamente toda la economía colonial, fomentando la emigración, la dependencia y la pobreza.

Uno de los principales errores al hablar de la economía puertorriqueña es compararla con economías soberanas y productivas. Proponer la implantación o adaptación de modelos extranjeros exitosos es absurdo puesto que son economías productivas y soberanas que cuentan con las herramientas necesarias para responder a los retos de la globalización.

El modelo económico colonial puertorriqueño depende cada vez más de fondos estadounidenses que se transfieren en forma de subsidios y donaciones. Debido a los desastres naturales recientes, se ha evidenciado de forma explícita la dependencia de la economía puertorriqueña en esos fondos, así como la incapacidad del modelo colonial de sobrevivir sin esos fondos. De ninguna manera tal realidad puede calificarse como un modelo económico razonable con el que se pueda construir un futuro de justicia social.

En los próximos años, continuarán las transferencias de fondos estadounidenses a Puerto Rico, pero se vislumbra que comiencen a disminuir para el 2025. ¿Qué será del futuro económico de Puerto Rico en ese momento? Trágicamente, la mayor parte de la clase política colonial puertorriqueña ha asumido una actitud de *carpe diem* económico, de vivir el momento y aprovechar al máximo los recursos disponibles ahora sin pensar tanto en el futuro. Por desgracia, solo una parte de los recursos económicos que estarán disponibles podrán ser aprovechados dada la incapacidad del gobierno colonial de cumplir con gran parte de las condiciones y requisitos, y dada la falta de recursos humanos que comprendan el idioma inglés para gestionarlos.

Es decir, gran parte del dinero prometido no podrá ser utilizado y será devuelto a Estados Unidos. Tal parece que los estadounidenses son conscientes de esta realidad y destinan grandes recursos a sabiendas de que buena parte regresará a sus manos, aprovechando para resaltar el gesto magnánimo de disponibilidad y culpando al colonizado de incompetencia. Igualmente podemos anticipar que una parte importante de los fondos que sí sean utilizados terminarán en los bolsillos de corruptos, estadounidenses y puertorriqueños.

La descolonización es precisamente para dejar atrás la quiebra colonial y encaminar a Puerto Rico hacia a una nueva economía productiva que brinde justicia social. Si no es para esto, ¿para qué entonces descolonizar? ¿Para qué la soberanía sino es para alcanzar las condiciones políticas, económicas y sociales que nos permitan vivir plenamente, con dignidad y felicidad?

La soberanía tiene como objetivo principal la creación de una economía productiva en democracia. Una economía productiva es la fuente de recursos para sufragar todo el aparato estatal, según sea la capacidad. Así lo hacen todos los países del mundo, pobres y ricos. A menudo escuchamos a personas que, partiendo de una lógica colonial, de una economía quebrada, improductiva, dependiente de donaciones y subvenciones estadounidenses, se cuestionan con preocupación cómo es que se va a financiar esto, aquello y lo otro en la soberanía. Una economía productiva es la respuesta a este cuestionamiento.

La pregunta que sigue lógicamente es, ¿cómo crear una economía productiva para poder sufragar las responsabilidades que la soberanía conlleva? Conviene aquí recalcar la alegoría del padre y el hijo, cuando aquél le dice éste: "Hijo mío, ya es hora de que te valgas por ti mismo y tengas tu propia vivienda y responsabilidades." El hijo, sudando, con los ojos lloroso, le contesta: "¿En serio? ¡No me asustes, papi! ¿Y cómo voy a pagar el apartamento, la luz, el agua, el cable, el celular y todo lo demás?" A lo que el padre contesta: "trabajando y produciendo como el resto de la gente".

La economía productiva tiene como principal objetivo crear riqueza y empleos para que los ciudadanos puedan satisfacer sus necesidades y anhelos. Además, tiene el objetivo de proveerle a los gobiernos los recursos necesarios para ofrecer servicios públicos. Debe crear las condiciones para los ciudadanos generar ingresos propios, y a la vez para ofrecer los servicios públicos que garanticen la justicia social. Para que sea posible alcanzar estos objetivos, es imperativo que la economía sea productiva.

¿Cuál es la alternativa? ¿Continuar con un modelo colonial que ha demostrado su incapacidad para adaptarse a la globalización, o construir una economía productiva? Se trata de un dilema entre la certeza de más desastre económico y la incertidumbre de la oportunidad económica. Entre las dos, solo es viable y deseable la de construir una economía productiva, por lo que el debate sobre el futuro económico del país debe ser más bien cómo construir esa economía productiva que nos conduzca al desarrollo. He aquí el gran reto y el debate ausente.

¿Y cómo fue que los países del mundo crearon economías productivas? Protegiendo sus sectores productivos estratégicos, en especial en el sector agroindustrial. Muchos creen que la globalización terminó con las barreras comerciales, pero la realidad es que cada país del mundo, incluido Estados Unidos, protegen sus sectores estratégicos. Dado que siempre habrá alguien en el mundo que produzca más barato y en mayores cantidades, muchos de estos sectores en los países no existirían sin la protección de su gobierno soberano, con la consecuencia de menos empleo y menos ingresos al fisco.

Las barreras arancelarias y fitosanitarias son las herramientas que utilizan los países para proteger sus sectores estratégicos. En este sentido, es imprescindible que Puerto Rico se integre a las leyes de comercio internacional y aprenda a utilizarlas a su favor. No se trata de impedir la importación de productos, sino de garantizar que los productos importados sean más caros que los producidos nacionales. A modo de ejemplo: si Puerto Rico pudiera proteger la industria avícola, tendría empleo pleno en la montaña y consumiría un pollo de mejor calidad.

¿Puede Puerto Rico proteger sectores estratégicos de su economía bajo la presente relación colonial con Estados Unidos? La respuesta es un rotundo no. Sencillamente, la Cláusula de Comercio Interestatal de la Constitución de los Estados Unidos, la cual aplica a las colonias también y, por tanto, a Puerto Rico, se lo impide. El sector agroindustrial estadounidense es uno de los más subvencionados del mundo, por lo que, aunque sus costos de producción son altos, pueden vender a precios bajos en grandes cantidades gracias a las subvenciones.

Es imposible que el sector agroindustrial puertorriqueño pueda competir contra ese enorme sector agroindustrial subvencionado que tiene libre acceso a Puerto Rico. Y esto sin mencionar que las reglas fitosanitarias de importación estadounidense, que buscan proteger su producción, aplican también a Puerto Rico sin importar su producción. Pocos conocen que, a pesar de que existe un acuerdo de libre comercio entre Estados Unidos y Canadá, los canadienses imponen un impuesto de cerca de 200% a la leche fresca estadounidense para proteger y garantizar la existencia de la industria láctea en Canadá, un asunto de empleos y soberanía alimentaria para ese país.

Lograr la seguridad alimentaria puertorriqueña y una mejor nutrición forman parte de la lucha contra la pobreza y la dependencia. Puerto Rico necesita hacer una profunda transformación de la agricultura y la alimentación si quiere tener seguridad alimentaria. La promoción y uso de tecnologías en los procesos productivos agroindustriales, así como la inversión en investigación para nuevos productos y procesos, deben ser prioridad.

Igualmente ocurre con el turismo en las colonias cuyo principal mercado es la metrópoli: su desarrollo se limita. Mientras Puerto Rico sea una colonia estadounidense y la mayoría de los potenciales mercados turísticos requieran un visado turístico estadounidense, y mientras reinen las leyes coloniales de espacio aéreo y marítimo, el turismo puertorriqueño no alcanzará nunca niveles de aportación económica comparables con los de la mayoría de los países de la región. El promedio de la aportación del turismo a las economías soberanas del Caribe es de un 30%, mientras que en Puerto Rico es menos del 10%.

Para colmo de cosas, las colonias tampoco son capaces de producir buenos líderes y administradores competentes. Aunque los países soberanos también pueden producir malos líderes y administradores, al menos tienen la opción de producir buenos. En la colonia, dentro de su esquema antidemocrático, es imposible producir un buen líder y administrador, porque cualquier buen líder o administrador al instante se percata de que la colonia representa en sí un esquema económico, político y social fallido, y un peligro para el país.

Solo con la descolonización y la soberanía Puerto Rico podrá proteger sectores estratégicos de su economía para construir la base de una economía productiva que genere empleos y riqueza. El objetivo principal del desarrollo económico en soberanía será promover el crecimiento del país de modo sostenible, inclusivo y justo, con empleos de calidad, a través de una economía productiva que combata todas las formas de pobreza.

La única solución a la situación que vive Puerto Rico hoy es la descolonización. Quienes pretendan encontrar una salida a esta quiebra colonial sin descolonizar, son populistas, y realmente buscan perpetuar y ahondar en la quiebra misma. Lo roto, roto está, y no puede desromperse. Ante este panorama desolador, la única certeza es que la quiebra no será perpetua, y que al salir de este fondo el país encontrará la oportunidad para crear algo nuevo.

A modo de resumen, dejo aquí un listado de algunos ejemplos que hacen evidente la naturaleza desleal, injusta y discriminatoria de la relación colonial entre Puerto Rico y Estados Unidos:

1. Para mantener rentable la marina mercante estadounidense, Estados Unidos obliga que todo intercambio comercial marítimo con Puerto Rico se realice en barcos de bandera estadounidense, construidos en Estados Unidos y tripulados mayormente por estadounidense.

Ténganse en cuenta que más del 90% de los productos importados por Puerto Rico tienen su origen en ese país, y que la marina mercante estadounidense es la más cara del mundo. En otras palabras, cada vez que un puertorriqueño consume un bien traído por barco desde Estados Unidos, no solo le sale más caro de lo que debiera, sino que, a su vez, subsidia empleos estadounidenses a costa de empleos puertorriqueños.

2. El ron puertorriqueño es un producto agroindustrial de muy alto valor competitivo. La industria del ron en Puerto Rico representa una amenaza para la industria etílica de Estados Unidos, siendo nuestro ron más barato que el wiski y el bourbon estadounidense.

Para proteger su industria, se le impuso un impuesto al ron puertorriqueño exportado a Estados Unidos para encarecer su precio de venta en Estados Unidos. Cabe preguntarse cuánto representaría hoy para Puerto Rico la industria del ron en capital y empleos si este impuesto proteccionista y desleal no se hubiese creado.

3. Aunque los puertorriqueños pagan la misma aportación al Seguro Social y el *Medicare* que un estadounidense en Estados Unidos, reciben menos beneficios.

4. Existen leyes fitosanitarias que restringen la entrada de productos agrícolas y agroindustriales puertorriqueños a Estados Unidos, mientras que los productos estadounidenses pueden entrar a Puerto Rico sin restricciones.

El argumento a favor de la discriminación es para evitar cualquier tipo de contaminación puertorriqueña en la agricultura estadounidense, mientras que Estados Unidos puede contaminar cuanto quiera nuestra agricultura.

5. La aplicación de la cláusula de comercio interestatal de la Constitución de Estados Unidos, la cual impide que puertorriqueños puedan proteger sus productos y bienes, práctica totalmente desleal.

6. A Puerto Rico no pueden llegar vuelos comerciales internacional de madrugada, los así llamados vuelos "de ojos rojos", cruciales para el crecimiento turístico, porque la aduana y la inmigración estadunidense cierra a esas horas.

7. El hecho de que Puerto Rico no controle su inmigración es, además, otra limitación colonial. Los puertorriqueños no pueden decidir quién entra en su propio país, las políticas de visado turístico de Estados Unidos son tan restrictivas y limitantes que impiden el desarrollo turístico puertorriqueño a su mayor capacidad.

8. En ningunos de los acuerdos de libre comercio que Estados Unidos ha suscrito ha tenido en cuenta la escasa producción puertorriqueña. Estos acuerdos solo toman en consideración los productos e intereses estadounidenses, jamás los puertorriqueños.

9. Estados Unidos nunca pagó por el uso de las tierras puertorriqueñas para sus bases militares. Probablemente si se calculara lo que los estadounidenses dejaron de pagar por el uso de las bases militares en Puerto Rico, sería mucho más que la deuda total puertorriqueña que hoy día arrastra el país. Sin mencionar que todavía quedan muchas

tierras por limpiar por su uso militar indiscriminado que les dio las fuerzas armadas de los Estados Unidos.

10. En un acto de desfachatez y admisión del fracaso colonial, en 2016 Estados Unidos impuso en Puerto Rico la Junta de Supervisión y Administración Financiera (una junta de control colonial) para gobernar y administrar su archipiélago.

Este cuerpo político no electo y antidemocrático toma todas las decisiones fiscales, económicas, sociales y políticas importantes en Puerto Rico. Es la última palabra en Puerto Rico, al mejor estilo consular romano. Es el ejemplo por antonomasia de cuán antidemocrática y colonial es la relación entre Puerto Rico y Estados Unidos.

La política colonial puertorriqueña

La vieja y anquilosada política colonial puertorriqueña carece de planteamientos serios y bien intencionados. En ella más bien prevalecen el fanatismo, la ignorancia y las discusiones que ensalzan el colonialismo. Peor aún, la politiquería puertorriqueña antepone los intereses personales, partidistas y hasta de "herencia" familiar, al progreso y bienestar del país.

La política colonial puertorriqueña que nos ha llevado a la crisis financiera de hoy debe ser rechazada por toda la sociedad. Sus participantes jamás podrán salir de ella porque de ella dependen. Son incapaces de reconocer que Puerto Rico necesita nuevos caminos para enfrentar nuevos retos. Los puertorriqueños están hastiados de la politiquería y la deshonestidad que impiden encontrar la salida de esta debacle.

Esta política colonial trivializa cualquier intento serio y responsable de los puertorriqueños por presentar una visión para el futuro. Peor aún, se critica negativamente a políticos serios y honestos que valoran y reconocen a quienes buscan una salida a la penosa situación fuera de la política colonial.

Muchos en Puerto Rico están cansados de esos los políticos viejos y anquilosados, aunque sean jóvenes, llenos de opiniones, pero vacíos de soluciones, que viven para mantenerse vivos dentro de un sistema colonial inviable. Son políticos reciclados, secuestradores del debate político, promotores del enfrentamiento infundado y el divisionismo, incapaces de presentarle al país una visión seria del futuro.

No pueden dar coherencia y dirección a un "nuevo" mensaje viable para la nación puertorriqueña, que sea entendible y brinde esperanza. Por el contrario, aprovechan cualquier oportunidad para sembrar la discordia, la desunión y la cizaña entre quienes se esfuerzan por pensar y educar sobre cuál es el cambio necesario y cómo ejecutarlo.

Los puertorriqueños deben celebrar todo esfuerzo genuino de terminar de una vez y por todas con la clase política colonial. Asimismo, debemos celebrar que existan algunos políticos y muchos otros ciudadanos dispuestos a apoyar otras iniciativas ciudadanas para transformar a Puerto Rico. Se ignora a quienes no aportan nada, quienes no presentan propuestas serias y viables, obcecados como están en ganar elecciones, lo cual solo perpetuará la quiebra colonial de la que viven.

La descolonización

El fin de la historia colonial puertorriqueña pasa obligatoriamente por la descolonización. Puerto Rico no será eternamente una colonia de Estados Unidos, y más temprano que tarde ocurrirá la descolonización por ilegal, inmoral e insostenible. Como bien dijo el Hamlet de Shakespeare: *No hay noche, por larga que sea, que no encuentre el día.* Sin embargo, no podemos ser ingenuos en este tema. La descolonización, por sí sola, no solucionará nuestros problemas. Será lo que hagamos con la descolonización lo que lo hará la diferencia.

Son dos los obstáculos principales que posponen el destino inevitable de la descolonización para Puerto Rico. El primero es la combinación de ignorancia con indiferencia que existe en Estados Unidos sobre la realidad puertorriqueña. Esta realidad, a su vez, se contamina con la politización del tema de Puerto Rico en Estados Unidos por parte de aquellos con algún interés en el tema.

Dado que casi todo lo relacionado con Puerto Rico ha sido monopolizado por el Congreso, cualquier iniciativa de descolonización queda paralizada del saque. Casi se puede estipular que la ausencia de dirección y acción política por parte del poder ejecutivo estadounidense representa una posición política que pretende perpetuar lo existente, lo cual es contraproducente a largo plazo para estadounidenses y puertorriqueños, e inaceptable a nivel internacional. No cabe duda de que la responsabilidad principal de la inacción e indiferencia estadounidense con el tema de Puerto Rico recae exclusivamente en el presidente de Estados Unidos. Es hacia él o en un futuro hacia ella que deben dirigirse todos los esfuerzos.

El segundo obstáculo lo encontramos en la dinámica de la política colonial puertorriqueña. Debemos recordar, como se discutió anteriormente, que el debate político puertorriqueño gira alrededor de las tres opciones tradicionales de estatus, de populismo, de personalismos y chismes de corral que nada tienen que ver con el debate propiamente dicho de ideologías políticas.

Aunque encontramos diversidad ideológica en cada una de las fórmulas de estatus, un elemento común entre ellas es la insistencia de cada una imponerse y prevalecer a toda costa sobre las demás, es decir, el "juego de suma cero" al estilo de los deportes, en el cual uno gana y los otros pierden. Muchos pensarán que esta es la manera de hacerlo, porque así se hace, como dijimos, en las competencias deportivas, pero cuando de naciones enteras se trata, no se puede construir un destino común para todos bajo el signo de la "suma cero", de la imposición, bajo conceptos absolutos como victoria y derrota que solo aplican en el deporte y la guerra. Y la realidad es que ni la estadidad, ni la independencia y mucho menos el estadolibrismo pueden constituir la unidad de país que necesita Puerto Rico hoy para alcanzar un mañana próspero y de justicia.

Si alguna de estas tres fórmulas de estatus se llegara a imponer definitivamente, la división entre los puertorriqueños continuará, peor que la que padecemos hoy. Es por lo que Puerto Rico debe renunciar a las tres opciones de estatus tradicionales y apostar por una opción política de consenso en la que nadie se sienta excluido. Es decir, un futuro puertorriqueño de unidad, sin triunfadores ni derrotados.

Quienes defienden y promueven las fórmulas tradicionales de estatus deben admitir de una vez y para siempre la imposibilidad de lograr el estatus de su preferencia. Nadie puede desear una estadidad que la mitad de los puertorriqueños rechaza; tampoco una independencia en la que la mayoría de los ciudadanos serían traidores a la patria; y menos aún conformarse con un Estado Libre Asociado (territorio no incorporado) envejecido que, siendo el problema, solo profundiza la división.

Para salir de este atolladero será imprescindible construir un futuro común, que salvaguarde los intereses principales de las tres alternativas de estatus tradicionales, y que una abrumadora mayoría de puertorriqueños y estadounidenses pueda aceptar. En otras palabras, debemos estar dispuestos y preparados para aceptar que, salvaguardando lo más importante, no todo lo que se quiere se puede obtener.

Cada formula de estatus tradicional tiene unos intereses específicos fundamentales. Los estadistas incluirán, se presume, la permanencia de la ciudadanía estadounidense, el uso del dólar, la defensa bajo responsabilidad estadounidense, la continuidad de ayudas estadounidense, entre otros. Los independistas exigirán la ciudadanía puertorriqueña, representación internacional y la soberanía. Los estadolibristas propondrán la no ruptura con la historia, y que el nuevo estatus sea presentado como una continuidad o culminación del Estado Libre Asociado.

Cuando unimos estos intereses, nos encontramos con una fórmula de estatus reconocida por el derecho estadounidense y el internacional: la libre asociación, el estatus de consenso que puede salvaguardar los intereses más importantes de la estadidad, la independencia y el estadolibrismo. Con esta cuarta vía, la libre asociación, Puerto Rico puede construir el consenso que tanto se necesita mirando hacia el futuro.

Digámoslo de una vez: los puertorriqueños y estadounidenses no han tenido el coraje de asumir su responsabilidad histórica de rechazar un sistema político imperfecto y cada vez más deficiente. El pueblo puertorriqueño debe exigir una solución de consenso político, en la cual todos seamos vencedores y ninguno vencido. Ante la incapacidad de los partidos políticos puertorriqueños tradicionales de reformar la relación política con Estados Unidos, sería saludable dar un protagonismo a la sociedad civil. Para ser esto posible, Estados Unidos debe crear las condiciones para relegar a los partidos políticos tradicionales y darle el protagonismo a sociedad civil.

A continuación, se discutirán brevemente algunas puntualizaciones de cada una de las tres opciones de estatus tradicionales, y finalmente de la cuarta vía, la libre asociación.

CAPÍTULO 3

EL ESTADO LIBRE ASOCIADO DE PUERTO RICO

*No podemos resolver problemas pensando de la
misma manera que cuando los creamos.*
Albert Einstein

*A cada espíritu de progreso se le oponen un millar de
mentes mediocres designadas para custodiar el pasado.*
Maurice Maeterlinck

*Cuando sólo se piensa en el pasado,
es que no se tiene futuro.*
William Somerset Maughan

Nadie puede dudar hoy de que el Estado Libre Asociado es producto de otros tiempos, y que su diseño corresponde a un propósito muy distinto al que nos propone la globalización. Es un modelo político caduco, que ha demostrado su incapacidad para adaptarse a las nuevas circunstancias de nuestra realidad mundial. Muchos puertorriqueños prefieren no profundizar en el origen y posterior estancamiento de este estatus político, prefiriendo ser engañados con la mitología colonial. Mientras esta tarea crítica no se realice, permaneceremos estupefactos frente al siglo XXI, momificados en una realidad colonial del siglo XIX.

Bajo el Estado Libre Asociado, los puertorriqueños no mandan en su tierra, y el gobierno puertorriqueño, controlado desde Washington D.C., no tiene los poderes para atender la crisis, como tampoco los intereses y las necesidades de Puerto Rico.

La creación del Estado Libre Asociado de Puerto Rico en 1952 apenas modificó cosméticamente la relación colonial entre Puerto Rico y Estados Unidos. El territorio no incorporado estadounidense de Puerto Rico, mal llamado Estado Libre Asociado, no representa lo que sus palabras significan, pues ni es un Estado, por carecer de la soberanía necesaria para serlo, ni es un estado de la unión estadounidense, por no estar anexado a dicho país, ni es libre, por no ser soberano ni democrático, ni está asociado, por carecer del libre albedrío para asociarse.

Su nacimiento fue impuesto por Estados Unidos aprovechándose de las lagunas que existían en ese tiempo en el derecho internacional público sobre el colonialismo, y dentro de una ola de descolonización que arropaba al mundo. El interés estadounidense encontró eco en algunos puertorriqueños que vieron en la iniciativa una oportunidad de avanzar hacia la descolonización, y en otros que vieron la posibilidad de perpetuarse en las esferas gubernamentales del gobierno colonial puertorriqueño. Pero muchos puertorriqueños no se dejaron engañar por el fraude orquestado, y denunciaron una nueva forma de colonialismo disimulado.

Como parte del escenario teatral, el Estado Libre Asociado adoptó oficialmente los símbolos nacionales vinculados históricamente con la independencia, como la bandera, que en un época fue proscrita, y el himno, del que mantuvieron la música de Félix Astol Artés, aunque cambiaron la letra original de la poetisa y patriota Lola Rodríguez de Tió por la letra infantil, sumisa y cursi de Manuel Fernández Juncos.

Resulta muy significativo que su traducción al inglés del Estado Libre Asociado sea *Commonwealth* y no la de *Free Associated State*, pero como sabemos, en política, los nombres o títulos no representan necesariamente su contenido. En ciencia política, la palabra *Commonwealth* hace referencia a muchas cosas, y al mismo tiempo a nada. Es una palabra de invención colonial. Hay Estados que tienen el nombre *Commonwealth* siendo soberanos, como es el caso del *Commonwealth of Dominica*. Por otro lado, hay estados estadounidenses que también son llamados *Commonwealth*, como Pennsylvania, Massachusetts, Virginia y Kentucky. Por último, es utilizado por colonias, como es el caso de Puerto Rico. No hay duda de que con el título en inglés de Puerto Rico, el idioma del colonizador, Estados Unidos buscaba dejar claro el carácter territorial y colonial de Puerto Rico.

En resumidas cuentas, que el nombre de Estado Libre Asociado es el eufemismo de un colonia estadounidense en el Caribe llamada Puerto Rico. Resulta increíble que muchos puertorriqueños defiendan esta ambigüedad y disimulo del nombre como publicistas aferrados a una marca de cosméticos.

Por fortuna, la nación puertorriqueña no está en debate. Está ahí en el devenir diario de una misma gente en un mismo lugar, unidos por el patrimonio de los recuerdos y la historia común, obligados a asumir en algún momento la responsabilidad de construir juntos un futuro común viable.

El Estado Libre Asociado Desarrollado

Lamentablemente, por ignorancia o por intereses electorales, muchos continúan dando una oportunidad al Estado Libre Asociado para que encuentre su rumbo político, su pertinencia. La oportunidad se fundamenta en aparentes méritos del pasado, y en la idea de que es posible repetir lo que, supuestamente, una vez representó y logró. Por desgracia para quienes lo plantean, dicha oportunidad ignora la realidad de que aquello que pudo servir en el pasado es obsoleto en el presente.

Tal oportunidad ya pasó, y pretender hoy alcanzar el así llamado *Estado Libre Asociado desarrollado* o el *Enhanced Commonwealth* es vivir en otra época, en otro contexto. Dado que faltó coraje, ilusión, visión, creatividad y patriotismo en el intento original, el resultado de este nuevo intento de acomodo a la relación con los Estados Unidos ha sido reafirmar la condición territorial y remaquillar el colonialismo. Se optado por el engaño, el juego de palabras y las medias verdades para disfrazar el pasado como el futuro, queriendo vender chinas por botellas. El *Estado Libre Asociado desarrollado* ha resultado ser un engaño deliberado, pero también un engaño evidente, por lo que no hará mella en ningún sector de la sociedad.

Casi como un juego retórico, se ha pretendido recrear un nuevo Estado Libre Asociado que no sea colonial y que esté fuera de los poderes plenarios del Congreso de Estados Unidos. Esta extraña y disparatada propuesta propone lo siguiente:

Primero, negociar "bilateralmente" con Estados Unidos una serie de restricciones a los poderes plenarios del Congreso sobre Puerto Rico. Con el argumento de que el Estado libre Asociado creado en 1952 fue un "pacto no bilateral", por lo que se debe recrear un "pacto bilateral", resultado de una "negociación". En ningún momento la propuesta sugiere sacar a Puerto Rico de la cláusula territorial estadounidense, que es el primer paso que debe seguirse para encontrarle una solución a la disyuntiva colonial de Puerto Rico.

En segundo lugar, se establece que, al ser refrendado por los puertorriqueños, el *Estado Libre Asociado desarrollado* dejará de ser colonial dado que refleja la voluntad y aprobación de los puertorriqueños, aun dentro de la cláusula territorial. En otras palabras, se quiere dar a entender que el colonialismo por consentimiento es legal y es moral.

Por último, establece que, al continuar Puerto Rico bajo la cláusula territorial, continuará la ciudadanía estadounidense por *Ius Soli* (nacimiento) en Puerto Rico, subrayando la ciudadanía estadounidense por nacimiento, según lo establece la ley Jones-Shafroth, sin siquiera mencionar la ciudadanía puertorriqueña.

Resulta evidente que tal propuesta de desarrollo del Estado Libre Asociado es inconstitucional y contraria al derecho estadounidense e internacional, lo cual la hace inviable. Al continuar Puerto Rico bajo la cláusula territorial, no resuelve el problema colonial, perpetuando la división y el debate del estatus en Puerto Rico. Igualmente, y más grave aún, no viene acompañada de una visión de futuro de Puerto Rico, especialmente en el tema de desarrollo económico. Promueve una mayor dependencia económica de los puertorriqueños a la asistencia social estadounidense sin una fórmula para crear una economía productiva.

El *Estado Libre Asociado desarrollado* es producto de ideas de otros tiempos, casi de otras eras, cuyo diseño corresponde a un propósito distinto al que la globalización nos propone. Es un modelo político que de nuevo será incapaz de adaptarse a las circunstancias de la realidad mundial, realidad que ha convertido el actual estatus en un estado colonial fallido. Este *Estado Libre Asociado desarrollado* no sería diferente al que conocemos.

Si el actual nació del oportunismo y la guerra fría, éste que se pretende nacerá del miedo y la desesperación. Si se trata de un mero ejercicio de ciencia ficción, resultaría aburrido, pero no condenable. Mas tratándose de una propuesta por parte de políticos oportunistas que buscan mantener su relevancia, es una ignominia, un insulto a la inteligencia de los puertorriqueños, una quimera que podríamos llamarle un Frankenstein.

Otra propuesta de desarrollo del Estado Libre Asociado, más descabellada todavía, hace referencia a una resolución de la Asamblea General de la Organización de las Naciones Unidas titulada, "Relaciones de amistad entre los Estados." La Resolución 2625 (XXV) del 24 de octubre de 1970 apareció en el escenario puertorriqueño con el único propósito de crear la ilusión de que existe una cuarta formula de estatus posible, además de la integración, la independencia y la libre asociación, para encasquetar al *Estado Libre Asociado desarrollado* como territorio no incorporado de Estados Unidos (o sea, colonia).

Debemos tener bien claro que la Res. 2625 (XXV) no trata sobre descolonización o autodeterminación de los pueblos, por lo que no forma parte del derecho de descolonización. Ningún tratado, código o texto de derecho internacional público reconocido, en su apartado de derecho de descolonización, tan siquiera menciona la res. 2625 (XXV). La frase incluida en la resolución "(...) cualquier otra condición política libremente decidida por un pueblo (...)", hace referencia a cualquier otro nombre que se le quiera dar a una fórmula de estatus que cumpla con el derecho internacional público y de descolonización, según lo establecen las resoluciones de la ONU 1514 (XV) del 14 de diciembre de 1960, la 1541 (XV) del 15 de diciembre de 1960 y la 1654 (XVI) del 27 de noviembre de 1961. Las tres resoluciones antes mencionadas conforman el derecho de descolonización reconocido internacionalmente, y no la Res. 2625 (XXV) que, como señalé, trata sobre las relaciones de amistad entre los Estados. Es tan absurdo y ridículo este planteamiento, que no existe un Estado en el mundo que haya sido descolonizado en virtud de la Res. 2625 (XXV), ni pueblo colonizado que la invoque.

Por fortuna, el derecho internacional público y de descolonización es cristalino y reconocido por todos. Se debe tener claro que otras interpretaciones, opiniones o elucubraciones no cambian el derecho vigente aceptado. Mientras los puertorriqueños combatan, ataquen e interpreten a conveniencia el derecho de descolonización no podremos avanzar hacia la descolonización. No se trata de ser dogmático e inflexible, sino realista, honesto y respetuoso de la ley internacional.

Sin embargo, los defensores del Estado Libre Asociado, los estadolibristas, siguen en negación. Pese a que muchos ya saben que esta opción de estatus caducó hace tiempo, continúan con su defensa por motivos electorales, buscando beneficiarse hasta el último momento de lo que ya expiró. Es cuestión de tiempo para que asuman la opción de estatus de la libre asociación, y la mayoría en el fondo lo sabe. Aunque casi todos los estadolibristas, como anticipando el destino, son cautelosos y respetuosos cuando hablan de la libre asociación, el ataque de unos pocos no hace más que descalificarlos para el futuro, para el paso natural del Estado Libre Asociado a la libre asociación.

CAPÍTULO 4

LA ESTADIDAD

*Las masas humanas más peligrosas son aquellas en
cuyas venas ha sido inyectado el veneno
del miedo... del miedo al cambio.*
Octavio Paz

*Cada vez que se encuentre usted del lado de la mayoría,
es tiempo de hacer una pausa y reflexionar.*
Mark Twain

*Un fanático es alguien que no puede cambiar de opinión,
y tampoco quiere cambiar de tema.*
Winston Churchill

La estadidad es una palabra puertorriqueña que hace referencia a la anexión, no a la integración de Puerto Rico a Estados Unidos. De alguna manera, la palabra "estadidad" entró al Diccionario de la Real Academia Española como la utilizada en Puerto Rico para referirse a convertirse en un estado de Estados Unidos. Tengamos claro que la palabra estadidad no existe en la ciencia política, y en realidad puede ser muchas cosas.

Cabe señalar que la anexión y la integración no son la misma cosa. El derecho internacional público menciona la integración como una forma de descolonización, pero no la anexión. Aunque en ambos casos el resultado es el mismo, pues la colonia pasa a formar parte, territorialmente hablando de la metrópoli, con la anexión no necesariamente se integra a la población. En otras palabras, la integración implica una asimilación del territorio y su población, no solo la anexión jurídica. Sobra decir que los puertorriqueños no están integrados a Estados Unidos. Se trata de una nación caribeña y latinoamericana que posee su propio idioma, distinto al inglés, con una rica y única cultura e historia.

Tras un siglo de colonialismo estadounidense, Puerto Rico es la misma nación, que en 1898 encontró el invasor, a pesar de los intentos de asimilación. En este sentido, es importante tener claro que el derecho internacional público lo que establece como opción descolonizadora es la integración, no la anexión, es decir, que los puertorriqueños dejen de ser puertorriqueños para convertirse de facto, y no en apariencia o solo legalmente, en estadounidenses.

Históricamente, el movimiento estadista en Puerto Rico habla de anexión, no de integración. Su elucubración estadista se resume en convertir a Puerto Rico en un estado de la unión estadounidense con todos los derechos y obligaciones, pero sin dejar de ser puertorriqueños. Esta estadidad caribeña, latinoamericana y en español no está cobijada por el derecho internacional público, por lo que no es descolonizadora.

Ni la anexión, y menos aún la integración de Puerto Rico a Estados Unidos, han sido nunca opciones reales. Es un espejismo, una ilusión, una quimera, utilizada por algunos políticos puertorriqueños para organizarse políticamente, ser electos y ganarse la vida de la política. Nunca la anexión y la integración han sido menos posibles que ahora, con un sistema colonial quebrado.

El prestigioso "think tank" estadounidense *Brookings Institute*, proyectó que para el año 2045 los estadounidenses anglosajones o blancos dejarán de ser una mayoría en ese país. Existen proyecciones poblacionales a mediano plazo que ubican a los hispanos como la mayoría en Estados Unidos, lo que explica en cierta medida la actitud antinmigrante que predomina en ese país. Estados Unidos ha asumido que convertir a Puerto Rico en un estado de la unión acelerará este proceso haciéndolo irreversible. Los estadounidenses están muy conscientes del costo económico, social y político de anexar a Puerto Rico, y no están dispuestos a pagarlo.

No cabe duda de que la estadidad representa la disolución de la nación puertorriqueña dentro de la nación estadounidense, convirtiendo a los puertorriqueños en una minoría nacional, racial, religiosa y cultural. Igualmente, la estadidad significa el fin de la representación deportiva internacional y la soberanía deportiva puertorriqueña, así como el fin de la participación individual de Puerto Rico en cualquier evento internacional de cualquier índole. La estadidad para los puertorriqueños representa la verdadera anexión a un país con valores y tradiciones muy distintos.

En este sentido, la estadidad representa para los puertorriqueños la igualdad, sí, pero la igualdad con millones de estadounidenses que viven diariamente el discrimen, la pobreza, la marginación y la dependencia. Si Puerto Rico se convierte en un estado de la unión estadounidense, estará condenado a ser por siempre el estado más pobre y marginado de esa nación. Inclusive, muchos economistas, e inclusive el *U.S. Government Accountability Office (GAO)*, han establecido claramente que la estadidad para Puerto

Rico sería severamente dañina para las economías de ambos Puerto Rico y Estados Unidos.

El informe sobre la estadidad del U.S. Government Accountability Office (GAO)

El 31 de marzo de 2014, haca casi ya diez años, el *U.S. Government Accountability Office (GAO)* presentó un informe sobre las consecuencias de la estadidad para Puerto Rico y Estados Unidos. Subrayo aquí que el GAO es una agencia gubernamental del Congreso de Estados Unidos dedicada a realizar auditorías e investigaciones para el Congreso. Es la agencia suprema de auditoría del gobierno de Estados Unidos, por lo que es imparcial y no partidista. Este informe es el más serio e imparcial que existe sobre las consecuencias de la estadidad para Puerto Rico y Estados Unidos.

En el mismo se establece claramente la catástrofe que sería la estadidad para las economías puertorriqueña y estadounidense. Este informe deja claramente establecida la imposibilidad de la estadidad por motivos económicos, descartando, para todos los efecto, esta opción de estatus político para Puerto Rico. Sin entrar en consideraciones culturales, lo que la haría más inviable todavía, sentencia que, de Puerto Rico convierte en un estado de la unión, estaría condenado a ser por siempre el estado más pobre y marginado, implicando un costo inadmisible para el erario estadounidense.

No sería irresponsable suponer que las conclusiones de este informe serían mucho más devastadoras si se actualizara. De hecho, ya se ha solicitado una actualización del informe en el marco de la presente quiebra colonial, pero aún está pendiente.

Curiosamente, los estadistas en Puerto Rico no han refutado el informe, y menos aún han presentado uno alternativo que favorezca la estadidad, lo que es ejemplificante de la contundencia de dicho informe. No obstante, pese a las desastrosas expectativas, ellos singuen hacia adelante en su afán de alcanzar este nefasto sueño, lo que es ejemplificante de la contumacia de su obsesión. En conclusión, hay que hacer un gran esfuerzo para entender cómo un estadista o un estadounidense puede continuar defendiendo la estadidad para Puerto Rico tras leer el mencionado informe.

En resumen, las conclusiones del informe del GAO son las siguientes:

- La estadidad es muy costosa para Puerto Rico y Estados Unidos.

- La estadidad afectará gravemente la economía de Puerto Rico.

- La estadidad costará a empresas estadounidenses billones de dólares.

- La estadidad costará a los estadounidenses 5.2 billones de dólares en ayudas para los puertorriqueños.

- La estadidad costará 2.3 billones de dólares a los puertorriqueños en impuestos estadounidenses.

- Con estadidad se hará imposible mantener un presupuesto puertorriqueño balanceado.

- La estadidad reducirá el ingreso del gobierno de Puerto Rico y hará imposible ofrecer servicios sociales.

- La estadidad traerá despidos masivos en el servicio público puertorriqueño.

- La estadidad significa que el sector privado perderá exenciones e incentivos contributivos.

- Con la estadidad el sector farmacéutico en Puerto Rico se verá afectado, teniendo que pagar más impuestos y perdiendo beneficios, lo que hará que muchas se marchen.

- La estadidad significa que el sector manufacturero tendrá que pagar entre 5 y 9.3 billones en impuestos estadounidenses.

- La estadidad pone en peligro 80 mil empleos del sector manufacturero puertorriqueño.

- La estadidad representa la perdida de hasta 3.4 billones en ingresos para Puerto Rico por parte del sector manufacturero.

- La estadidad representa desempleo para los puertorriqueños por lo que se espera que la emigración de puertorriqueños a Estados Unidos aumente.

El plebiscito del 3 de noviembre de 2020

El 3 de noviembre de 2020 Puerto Rico celebró una elección general que incluyó un plebiscito que pidió a los votantes que dijeran SÍ o NO a la opción de la estadidad. El resultado de la elección general fue un triunfo de los estadistas por una mayoría simple del 33%. En el plebiscito, la opción del SÍ ganó por el 52% de los votos. A primera vista, parece que la estrategia política de los estadistas fue exitosa. Sin embargo, mirando más a fondo los resultados, uno se siente obligado a preguntarse si realmente fue una victoria para la estadidad.

Increíblemente, el gobierno anexionista puertorriqueño reclamó la victoria, lanzándose a una cruzada descabellada de hacer valer una farsa tan evidente ante el gobierno estadounidense, provocando la indiferencia, la vergüenza ajena y la incredulidad.

Este plebiscito es importante pues fue la primera vez que se pregunta a los puertorriqueños si SÍ o si NO a la estadidad. Igualmente, su resultado es el principal argumento de los estadistas de que los puertorriqueños favorecen la estadidad por mayoría absoluta. No poca cosa.

¿Por qué este plebiscito? Dado que la corrupción y la incompetencia han marcado a los gobiernos coloniales estadistas, muchos electores estadistas manifestaban su descontento y poco entusiasmo con acudir a las urnas para elegir nuevamente un gobierno estadista. Un plebiscito de estadidad SÍ o NO fue la estrategia utilizada por los políticos estadistas para sacarlos de sus casa para ir a votar.

El plebiscito fue aprobado por la legislatura colonial puertorriqueña sin consenso, y con el único propósito de llevar a las urnas a los reacios estadistas. La estadidad no se definió ni en la ley del plebiscito ni en la papeleta. Tampoco hubo una campaña educativa sobre las implicaciones de la estadidad para Puerto Rico. Se trató de un cheque en blanco, una consulta de estatus calificada como *criolla*, por no ser vinculante con el gobierno estadounidense. Desde el principio, tanto la Casa Blanca como el senado estadounidense expresaron que ignorarían un resultado favorable hacia la estadidad, incluso cuando alcanzara la mayoría absoluta. El mismo senador estadounidense por Florida, Marco Rubio, aliado eterno del movimiento estadista, señaló que la estadidad ni era factible ni tenía los votos en el Senado.

Importa señalar que la mayoría de los votantes estadistas no desean perder su nacionalidad puertorriqueña para convertirse en estadounidenses. La mayoría vota a favor de la estadidad motivada por la pobreza, la desesperación y la falta de esperanza. Son víctimas del colonialismo, de las que se aprovechan políticos estadistas inescrupulosos prometiendo más ayudas individuales si Puerto Rico se convierte en estado de la Unión.

¿Y qué significó entonces ese 52% del SÍ para la estadidad? Primeramente, que los puertorriqueños están divididos y son incapaces de decidir en un asunto en el que una de las partes interesadas, Estados Unidos, guarda un silencio eterno. Lo que primero resalta ante los ojos de los estadounidenses es el 48% del NO a la estadidad, no el 52% del Sí. ¿Está Estados Unidos dispuesto a anexar como estado una colonia en el que la mitad de su población no lo desea? Hay que valorar que luego de más de un siglo de colonialismo estadounidense en Puerto Rico, el 48% de los votantes no quisieron anexarse a Estados Unidos.

A esto se añade que la victoria del SÍ a la estadidad por mayoría absoluta es más bien un espejismo, como es la estadidad misma, puesto que la participación electoral en el plebiscito fue de tan solo el 50%, lo que traduce el 52% del SÍ, a solo un 26% de todos los votantes registrados en Puerto Rico. Igualmente, se deben considerar las 38 mil papeletas en blanco, que fue una expresión de votantes que no quisieron validar otro plebiscito fraudulento y antidemocrático. No es descabellado asumir que la mayoría de las papeletas en blanco representan a votantes no estadistas. Si se sumaran las papeletas en blanco al NO, el resultado sería un empate del 50/50.

Este, sin embargo, no ha sido el único plebiscito de estatus convocado por gobiernos estadistas. Los últimos tres han sido diseñados sin consenso y por imposición por gobiernos estadistas para mantener viva la quimera de esta posibilidad de estatus político. No obstante, pese a la realidad expuesta, los líderes estadistas continúan haciendo una falsa representación en los Estados Unidos de que la mayoría absoluta de los puertorriqueños quieren la estadidad, asumiendo que el gobierno estadounidense puede ser engañado fácilmente. Y tal y como se anticipó, el gobierno y el congreso estadounidense no actuaron, ignorando el resultado de éste y los anteriores plebiscitos, acciones que representan un rechazo contundente a la estadidad. No debe extrañar que eventos electorales como éste con resultados similares se repitan en un futuro, socavando cada vez más esta opción de estatus político para Puerto Rico.

Los estadistas puertorriqueños

No obstante, pese a lo evidente, muchos puertorriqueños se han dejado seducir por lo imposible. Esta situación ha complicado el proceso de descolonización de Puerto Rico al convertirse la estadidad en un impedimento para el camino de la descolonización. Puerto Rico se encuentra estancado en un lodazal colonial porque la estadidad nunca será reconocida como una opción real por los estadounidenses y porque los estadistas en Puerto Rico no lo quieren aceptar.

La causa de quienes promueven la estadidad está plagada de contradicciones y desconocimiento. En primer lugar, defienden anexarse a quien le ha mantenido por más de un siglo en una condición política colonial indigna, inmoral e ilegal. Pretenden anexarse a quien ha manifestado desprecio, indiferencia y falta de solidaridad y sensibilidad con la quiebra colonial puertorriqueña. Igualmente, la estadidad representa anexarse a quienes impusieron el gobierno de facto, colonial y antidemocrática de la Junta de Control Fiscal.

Además, la estadidad representa anexarse a un país que por más de un siglo ha discriminado y condenado al país caribeño a la dependencia económica, y a una relación comercial injusta y desleal que ha propiciado la pobreza.

Debe recalcarse que la mayoría de los puertorriqueños estadistas son gente noble que desea lo mejor para Puerto Rico. Ese deseo genuino de un futuro próspero y democrático de los anexionistas debe llevarlos al reconocimiento de que la estadidad no es un derecho, es imposible y está repleta de contradicciones. Igualmente, reconociendo que la relación colonial es entre dos, deben preguntarse cuáles son los intereses estadounidenses, y si dichos intereses quieren que Puerto Rico sea un estado de la unión.

Cualquier puertorriqueño estadista que anteponga los intereses de los puertorriqueños y se enfrente al dilema colonial racionalmente y sin fanatismo, llegará a la conclusión inevitable de que la estadidad no es viable, lo que nos permitirá por fin avanzar hacia la descolonización del país.

Así las cosas, ¿cuál sería la opción racional y lógica de un estadista que llega a esta conclusión? Una vez reconocida la realidad, su opción real, la que garantiza el bien propio y el bien colectivo, sería la opción de consenso de la libre asociación, que implica la negociación para salvaguardar lo más importante de sus intereses, es decir, el vínculo estrecho con Estados Unidos, el uso del dólar estadounidense, la continuidad de la ciudadanía estadounidense y las ayudas individuales, entre otras.

CAPÍTULO 5

LA INDEPENDENCIA

*La libertad significa responsabilidad; por eso, la mayoría
de los hombres le tiene tanto miedo.*
George Bernard Shaw

*Las mentes que buscan venganza destruyen los estados,
mientras que las que buscan la reconciliación construyen
naciones. Al salir por la puerta hacia mi libertad supe que,
si no dejaba atrás toda la ira, el odio y el resentimiento,
seguiría siendo prisionero.*
Nelson Rolihlahla Mandela

El derecho internacional público establece que la independencia es un derecho inalienable de todos los pueblos colonizados. Entre todas las opciones de estatus en Puerto Rico, la independencia es la única que es un derecho inalienable. Vale aclarar que este derecho solo aplica a pueblos colonizados, no a partes que integran un Estado. En otras palabras, ni la estadidad, ni el estadolibrismo y ni la libre asociación tienen la jerarquía de derecho que ostenta la independencia.

Asimismo, la independencia es la opción de estatus más antigua en Puerto Rico. Desde los tiempos en que Puerto Rico era parte de España el sentimiento independentista existió. Quizás el periodo de mayor apogeo llegó en las primeras décadas luego de la invasión estadounidense, y luego disminuyó debido a la represión y persecución estadounidense contra los independentistas, y al constante crecimiento del síndrome del colonizado entre los puertorriqueños. Aunque hoy la independencia no es mayoritaria en Puerto Rico, es la opción con mayor fuerza moral. En otras palabras, la opción de independencia siempre ha estado y estará.

Estados Unidos nunca ha deseado la independencia para Puerto Rico, y si alguna vez coqueteó con la idea se debió al convencimiento que no sería una independencia real y que sus intereses estarían garantizados.

Otra razón que explica que la independencia no sea la opción mayoritaria en Puerto Rico es la ausencia de una visión de futuro, un planteamiento coherente sobre cómo sería el país bajo la independencia que le permita a los puertorriqueños imaginar una vida mejor. Ciertamente los independentistas han presentado propuestas de diversos temas, casi siempre en respuesta a una coyuntura específica, pero no una visión detallada, integral y cónsona que abarque los temas que más interesan y deben interesar a los puertorriqueños.

A modo de ejemplo, el discurso independentista siempre ha condenado el mantengo (*welfare* estadounidense) de una sociedad colonizada y empobrecida, pero al mismo tiempo falla en presentar un plan integral para crear una economía productiva que genere empleos y permita las condiciones para alcanzar la justicia social.

Aparte de la realidad colonial, hay que reconocer que, tras más de un siglo de coloniaje, existe un fuerte vínculo entre Puerto Rico y Estados Unidos. Como señalamos, más de la mitad de los puertorriqueños vive en Estados Unidos. Además, existen fuertes lazos económicos, culturales, familiares y políticos que han creado una hermandad entre ambos pueblos. En este sentido, y dado que la independencia es la independencia, el discurso independentista de la transición desde la colonia hacia la independencia ha sido vago, ambivalente y lleno de lagunas. Esa transición hacia la independencia, sin explicación y sin respuestas, es percibida por gran parte de la población como una incertidumbre demasiado grande e imposible de asumir.

De igual forma, algunas ideas presentadas por independentistas están sesgadas ideológicamente hacia la izquierda o extrema izquierda, espantando a muchos puertorriqueños y estadounidenses. Tanto es así que existe en Puerto Rico la absurda idea de que si se es independentista se es de izquierda. Por otra parte, algunas alianzas y apoyos que han logrado independentistas internacionalmente más bien han perjudicado la causa. Los constantes encuentros de independentistas con personajes extranjeros de dudosa reputación democrática y de respeto a los derechos humanos no han ayudado a forjar una visión de futuro bajo la independencia de un Puerto Rico democrático, productivo y respetuoso a los derecho humanos. Lo que es peor, estos actos y el discurso de izquierda independentista han sido municiones efectivas para los enemigos de la independencia, y con razón.

Otro rasgo contradictorio de algunos independentistas es que el uso de un lenguaje colonial y el contubernio con la política colonial puertorriqueña los ha desenfocado. Resulta chocante escuchar a independentistas hablar de la capital federal, haciendo alusión a Washington D.C., o hablar de fondos federales, como si Puerto Rico fuera parte de la federación estadounidense. Igualmente, referirse a lo nacional como lo "local", como si Puerto Rico fuera una aldea o municipio, es otro rasgo de denota pensamiento subordinado. Asimismo, muchos independentistas creen que Puerto Rico es parte de Estados Unidos, en vez de ser una pertenencia de ese país, es decir, una colonia.

Por otra parte, se refieren al país de Puerto Rico como una isla, siendo un archipiélago. Y más impresionante todavía resulta escuchar a independentistas hablar de la democracia puertorriqueña como si existiera, olvidando que por definición ninguna colonia es democrática. ¿En qué quedamos? Algunos señalan como causas de la crisis puertorriqueña la falta de honestidad y compromiso, la corrupción y la politiquería, y no el pecado original del colonialismo. Sin duda sería de gran ayuda para avanzar la independencia comenzar por descolonizar del lenguaje y el discurso independentistas en aras de desarrollar una visión de futuro.

Otra limitación del discurso de independencia es que su participación en el juego político y electoral cotidiano crea la impresión o espejismo de que es posible lograr grandes avances sociales, económicos y políticos bajo el régimen colonial. En otras palabras, hacen creer que es posible un futuro mejor y resolver muchos problemas desde un gobierno colonial sin poderes, si se tuviera un buen gobierno colonial.

Aunque sea la independencia un derecho inalienable de los pueblos, hay que reconocer que el colonialismo es un asunto de dos: el colonizador y el colonizado. En este sentido, comprensiblemente, el movimiento independentista en Puerto Rico no reconoce, y en ocasiones no entiende, los intereses estadounidense en Puerto Rico. Por ello, tampoco existe un diálogo que ayude a construir en Estados Unidos un clima de confianza entre las partes que permita el avance de la opción de la independencia para Puerto Rico.

Tras más de un siglo de colonialismo estadounidense, es de por sí una gran hazaña que exista todavía un movimiento independentista fuerte e importante, aunque no mayoritario en Puerto Rico. Ni la represión, ni el colonialismo han podido desaparecer el deseo de muchos por una patria independiente. No es un secreto que la independencia es favorecida por muchos intelectuales, académicos y artistas, y en especial por la juventud. La voz independentista en Puerto Rico es importante, y hay que reconocer que su constancia y patriotismo han mantenido la llama de autodeterminación en Puerto Rico.

Pero mirando hacia el futuro, importa reconocer que Estados Unidos no desea la independencia para Puerto Rico. De igual forma, importa reconocer que es muy difícil que la nación puertorriqueña avale en las urnas una independencia llena de incertidumbres y de lagunas. El síndrome del colonizado es generalizado en Puerto Rico, siendo una barrera que hace imposible la llegada de la independencia por la vía de la negociación y la democracia.

Los independentistas deben asumir esta realidad sin abandonar sus aspiraciones, buscando adelantar su causa apoyando otra opción de estatus, como la libre asociación, que propone una soberanía que abarca muchos de los reclamos independentistas. A pesar de que la libre asociación no es la independencia, sí es la soberanía. Nunca los independentistas estarán tan cerca de la independencia como en la libre asociación. Nada impide que bajo un Puerto Rico en libre Asociación con Estados Unidos pueda continuar la aspiración por la independencia.

Hay que recalcar la importancia de que los independentistas apoyen la libre asociación, incluso que tengan una participación en la negociación de la libre asociación y la posterior constituyente. Al menos, no deberían convertir la opción descolonizadora de la libre asociación en blanco de sus ataques y motivo de su rechazo. Que un independentista apoye la libre asociación no es tarea fácil; presupone un desprendimiento estratégico y patriótico que vale la pena intentar. Muchas de las aspiraciones de los independentistas serán satisfechas en la libre asociación; otras tendrán que esperar a otros tiempos.

CAPÍTULO 6

LA LIBRE ASOCIACIÓN

Toda verdad atraviesa tres fases:
primero, es ridiculizada;
segundo, recibe violenta oposición;
tercero, es aceptada como algo evidente.
Arthur Schopenhauer

Cuando soplan vientos de cambio,
algunos construyen muros, otros molinos.
Proverbio chino

El pesimista se queja del viento;
el optimista espera que cambie;
el realista ajusta la vela.
William A. Ward

Descolonizar es una urgencia para avanzar y evitar una crisis humanitaria. Lamentablemente, la inacción y el silencio estadounidense trae como consecuencia la división y el enfrentamiento entre puertorriqueños. Si los estadounidenses se expresaran al respecto ocurriría el realineamiento de las fuerzas políticas necesario para avanzar. Como ya se ha señalado, la descolonización está estancada. El silencio estadounidense tiene secuestrada la voluntad de los puertorriqueños mediante la desmoralización y la parálisis.

No obstante, está claro que el Estado Libre Asociado no es la solución sino el problema. La estadidad, además de no estar disponible, es cultural y económicamente inviable. La independencia, aunque es un derecho, tiene problemas en su visión de futuro y carece del apoyo mayoritaria. ¿Qué queda? La libre asociación, la cuarta vía.

Por ser una opción de estatus única, innovadora y con pocos ejemplos, la libre asociación no está bien entendida ni en Puerto Rico ni en los Estados Unidos. Su objetivo principal es descolonizar manteniendo vínculos estrechos de mutuo beneficio.

Actualmente, la libre asociación es el único camino disponible para Puerto Rico. Representa la única oportunidad que tienen los puertorriqueños para lograr la prosperidad que necesitan para salir de la actual crisis, manteniendo a la vez una relación estrecha no colonial con los Estados Unidos. Es, además, la única opción de estatus capaz de aglutinar las principales aspiraciones de cada una de las tres opciones de estatus históricas y tradicionales.

Estados Unidos y Nueva Zelanda son los únicos dos Estados que mantienen acuerdos de libre asociación con sus excolonias. En el caso de Nueva Zelanda, con la isla Nieu y las islas Cook; en el de Estados Unidos, acuerdos de libre asociación de más de treinta años con la República de Palaos, la República de las Islas Marshall y los Estados Federados de Micronesia. Estos tres acuerdos se han renovado reiteradamente. Fueron negociados por dos administraciones estadounidenses de ambos partidos, y finalmente implementados por una tercera.

Un informe del prestigioso *Think Tank* estadounidense, RAND Corporation, ha reconocido que estos tres Estados en libre asociación con Estados Unidos son democracias pacíficas y estables que celebran regularmente elecciones y respetan de los derechos humanos. En el caso de Palaos, RAND señala que se ha convertido en una de las economías más prósperas del Pacífico.

Con el objetivo de promover la autosuficiencia económica y presupuestaria, en los tres acuerdos de libre asociación se establece asistencia económica, otorgada en forma de subvenciones y contribuciones a los fondos fiduciarios de los acuerdos. Igualmente, diversas agencias gubernamentales de Estados Unidos otorgan fondos para diversos programas.

Es importante señalar que la resolución 1541 (XV) de las Naciones Unidas, creadora del estatus de libre asociación, lo mantuvo separado y distinto de la independencia, negando que se tratara de un tipo de ella. Se trata de dos tipos de relaciones soberanas, una de las cuales delega, libre y voluntariamente, en el país con el que se asocia, algunas de las competencias que el otro tipo de soberanía, la independencia, mantiene para sí.

En el principio VII, la resolución establece sobre la libre asociación lo siguiente:

> *"a) La libre asociación debe ser el resultado de la libre y voluntaria elección de los pueblos del territorio interesado expresada con conocimiento de causa y por procedimientos democráticos. En esa asociación se deben respetar la individualidad y las*

> *características culturales del territorio y de sus pueblos, y reservar a los pueblos del territorio que se asocian a un Estado independiente la libertad de modificar el estatuto de ese territorio mediante la expresión de su voluntad por medios democráticos y con arreglo a los procedimientos constitucionales.*
>
> *b) El territorio que se asocia debe tener derecho a determinar su constitución interna sin ninguna injerencia exterior, de conformidad con los debidos procedimientos constitucionales y los deseos libremente expresados de su pueblo. Este derecho no excluirá la posibilidad de celebrar las consultas que sean apropiadas o necesarias con arreglo a las condiciones de la libre asociación que se haya concertado."*

Las negociaciones para establecer un acuerdo de libre asociación entre Puerto Rico y Estados Unidos deben ser conducidas por la rama ejecutiva del gobierno de Estados Unidos, a quien le compete. El Congreso estadounidense ha demostrado en reiteradas ocasiones su incapacidad para consensuar. Insistir en dar protagonismo a la rama legislativa estadounidense es perpetuar el debate y no avanzar. En este sentido, es fundamental que todo esfuerzo puertorriqueño vaya dirigido principalmente al presidente de Estados Unidos, no al Congreso exclusivamente.

La transición hacia la libre asociación

Muchos se preguntan cómo la libre asociación podrá llegar a Puerto Rico. Por el momento, está claro que no será mediante la política tradicional puertorriqueña ni por plebiscitos amañados.

Aunque no sea simpático decirlo, la libre asociación llegará cuando Estados Unidos lo decida.

No hay que ser ingenuo. El pueblo puertorriqueño jamás demandará masivamente tener una nueva relación con Estados Unidos sin la certeza de que Estados Unidos quiera tal relación. Dado que gran parte de los puertorriqueños padece del síndrome de colonizado, gracias a las políticas coloniales estadounidenses en Puerto Rico, nunca exigirá nada a su favor. Peor aún, ¿cómo se pretende que los puertorriqueños reclamen algo que ni siquiera conocen ni tienen claro qué conlleva? ¡Absurdo!

El primer paso es que Estados Unidos tome la decisión de definir en líneas generales cómo sería la libre asociación para Puerto Rico. Es la única manera de terminar con la incertidumbre, la especulación y las definiciones aficionadas o mal intencionadas. Para aquellos que han dedicado tiempo a su estudio y análisis es fácil imaginarla y por ello la promueven, pero para el pueblo es un requisito indispensable conocer de qué se trata y si está disponible. El presidente de Estados Unidos debe convocar desde la Casa Blanca a un grupo de trabajo de expertos, no políticos, para definir la libre asociación. Ese es el primer gran paso.

Tengamos presente la importancia de la definición para avanzar hacia la descolonización. La libre asociación es la única opción de estatus que no está definida, o al menos de la que no se conoce en detalle lo que implica. Sabemos hasta la náusea lo que es el Estado Libre Asociado, siendo lo que vivimos hoy. Igualmente, la estadidad está clara y fácil de anticipar sus consecuencias, habiendo 50 ejemplos anteriores. La independencia es la independencia y también es clara.

Solo de la libre asociación se saben meras suposiciones. De modo que, en esta etapa de definiciones, no se trata de negociar el acuerdo final sino de esbozar los lineamientos generales para su comprensión en Puerto Rico y Estados Unidos. No debe existir duda de que, una vez definida la libre asociación, habrá un reajuste de voluntades políticas en Puerto Rico y en Estados Unidos a favor de esta opción como fórmula descolonizadora.

Definida la libre asociación y ocurrido el realineamiento de fuerzas, los puertorriqueños estarán en posición para ejercer realmente su derecho a la libre determinación. Solo con una definición previa sabremos si realmente estamos ante una opción de estatus deseable, viable y posible.

Una vez decidido que éste sea el camino para la descolonización, las negociaciones para el acuerdo deben comenzar. Las negociaciones que sostuvo Estados Unidos en sus tres acuerdos con las repúblicas del Pacífico duraron unos dos años. El Presidente de Estados Unidos nombrará a un jefe negociador con rango de embajador que conformará su equipo con funcionarios de los departamentos de Estado, Defensa, Interior, Justicia y Tesoro. El Congreso estadounidense formará parte del equipo negociador para estar enterado de lo acordado, ya que será el Congreso, el Senado y la Cámara de Representantes quienes aprobarán el acuerdo convirtiéndolo en ley.

El problema está en quién formará parte de la delegación puertorriqueña que negociará el acuerdo. Seguramente Estados Unidos tenga algo que decir sobre quiénes deben componer la delegación puertorriqueña. En una negociación, las partes deben acordar quienes serán los interlocutores. Vale recordar que Estados

Unidos ya tiene experiencia en la negociación de este tipo de acuerdos.

Aunque es difícil mencionar nombres, es muy fácil mencionar las cualidades de los que formen parte de la delegación boricua. Deben ser personas honorables y respetables, preferiblemente no políticos, con conocimiento técnico y experto sobre la libre asociación, que tengan una visión de futuro y una trayectoria de defensa y promoción de esta opción de estatus.

Muy importante que estos negociadores entiendan lo que implica una negociación, en referencia especial a los intereses estadounidenses. Existen gran cantidad de buenos puertorriqueños con estas cualidades. El único escenario donde se podría anticipar un fracaso de la negociación es si se incluye a los mismos de siempre, los guiados por la política partidista colonial, la búsqueda de protagonismo y la ventajearía electoral. No hay espacio para los políticos tradicionales de dudosa reputación, sin la pericia apropiada, y que se hayan manifestado en contra de la libre asociación.

La responsabilidad de nombrar a los miembros de la delegación puertorriqueña no debe recaer en los partidos políticos tradicionales. Quizás sea necesario conformar una nueva fuerza política, partido o movimiento que asuma esta responsabilidad. Mientras las negociaciones ocurran, las cosas en Puerto Rico continuarán como siempre, *business as usual*, es decir, con normalidad, atendiendo los asuntos cotidianos del país y manteniendo a flote el barco que zozobra.

Por supuesto, es de esperarse que muchos en Puerto Rico, opuestos a resolver el asunto colonial, se opongan a esta iniciativa presidencial. Los mismos que viven hoy del problema y lo utilizan para ser electos, y que no podrán seguir haciéndolo una vez se resuelva el asunto. Con este propósito, es necesario que la sociedad civil tenga mayor protagonismo en el debate del estatus y en la propuesta de soluciones, retando así al monopolio dañino que la política partidista tiene sobre el problema, que han demostrado ser incapaces de solucionar, o como mínimo carecer de la voluntad para ello.

Una vez las negociaciones del acuerdo concluyan, se procederá a su presentación, explicación y promoción. Como ya se mencionó, el acuerdo deberá ser ratificado en Estados Unidos por el Congreso y firmado por el Presidente. En Puerto Rico deberá ser ratificado por el pueblo mediante referéndum.

Es importante recalcar que la campaña del referéndum para ratificar el acuerdo sea educativa y esté fuera de las manos del gobierno colonial puertorriqueño. Será una consulta histórica, especial y única, por lo que debemos esperar que sea también diferente a lo que se ha visto en Puerto Rico antes. Ha de ser una campaña en el que la sociedad civil tenga un papel protagónico, en lugar de los partidos políticos.

Igualmente, los fondos para la campaña deben ser asignados por Estados Unidos como parte del acuerdo, independientes de la aprobación de la legislatura puertorriqueña. También, se le debe quitar el control total de la consulta a la desprestigiada Comisión Estatal de Elecciones puertorriqueña, relegando su papel a mero ejecutor supervisado por un ente neutral que será determinado durante la negociación.

Si el pueblo rechazara en referéndum el acuerdo, habría que regresar a la mesa de negociaciones para presentar a consulta un nuevo acuerdo. Si el resultado es favorable al acuerdo, el siguiente paso sería la convocatoria de la Convención o Asamblea

Constituyente. El acuerdo de libre asociación incluirá instrucciones precisas sobre las condiciones de la convocatoria, que deben ser similares al referéndum previo. Se realizará una elección especial para la conformación de los miembros de la Constituyente.

Aunque es difícil predecir el tiempo de duración de la Convención, un tiempo razonable sería no mayor de dos años. Hay que tener presente que no se trata de enmendar la actual constitución colonial de Puerto Rico, sino de hacer una nueva, moderna y actualizada a las necesidades del país, que será cimiento de un Puerto Rico exitoso, soberano y democrático.

Recordemos que, mientras todo esto ocurre, el gobierno colonial puertorriqueño debe continuar su trabajo. En este sentido, los funcionarios electos o de confianza del gobierno no podrán ser candidatos a la Constituyente sin renunciar previamente a sus funciones. El tamaño de la Convención y la circunscripción por la que serán electos los constituyentes, distritos o por acumulación, será establecido en el acuerdo de libre asociación.

Los constituyentes continuarán en sus respectivos trabajos profesionales y no recibirán salario, aunque si una dieta que le facilite sus funciones. No habrá candidaturas a la Constituyente por partidos políticos. Los candidatos irán a la elección representándose a sí mismo. Nuevamente, hay que recalcar que se trata de una elección histórica, especial y única, por lo que debemos esperar que sea muy distinta a lo que se ha visto en Puerto Rico hasta ahora.

Los fondos para la operación de la Convención Constituyente y su sede no deben depender del gobierno puertorriqueño, en especial de su legislatura. Los fondos para el funcionamiento de la Constituyente deben ser incluidos en el acuerdo y su fuente debe ser Estados Unidos. En el acuerdo quedará terminantemente prohibida la intervención gubernamental puertorriqueña en los trabajo de la Constituyente. El gobierno colonial debe ser más bien un facilitador y garante para que los trabajos se realicen con total libertad e independencia.

La Constituyente será una gran oportunidad para construir una constitución moderna que asegure el éxito del camino emprendido. Para ello, será esencial la asesoría internacional para identificar las mejores prácticas constitucionales del mundo. Si bien muchos constituyentes harán propuestas relacionadas con prácticas del pasado o con la experiencia estadounidense, vale la importancia de verlas entonces con ojo crítico, cuestionándose si habrá otras prácticas en el mundo que sean mejores.

Además de redactar la nueva constitución, la Constituyente aprobará las leyes que sean necesarias para garantizar el éxito de la transición hacia la soberanía. Para ello, elegirá entre sus miembros a un presidente y a un vicepresidente. Ambos trabajarán a tiempo completo y serán los únicos constituyentes que recibirán salario. Las figuras del presidente y vicepresidente de la Convención son vitales para la transición hacia la soberanía.

Una vez la Constituyente declare terminados los trabajos, comienza el periodo de educación y campaña para la aprobación por el pueblo mediante referéndum de la nueva constitución. Dicho referéndum debe cumplir con los mismo parámetros de manos afuera del gobierno colonial puertorriqueño, ser financiado por los Estados Unidos y estrictamente supervisado. Una vez aprobada la Constitución por el pueblo, la Constituyente señalará el día para su proclamación.

En este punto cabe hacer una paréntesis para preguntarse cuál será el nombre oficial de Puerto Rico en libre asociación. Sobra está decir que esta decisión la tomará la Convención Constituyente, siendo impensable establecer el nombre antes de ella. Algunos puertorriqueños, quizás por motivo de *marketing* político, propondrán que bajo la libre asociación Puerto Rico continue llamándose Estado Libre Asociado. Esta propuesta quizás puede explicarse como una especie de rezago colonialista romantizado, o tal vez con la intención de que la libre asociación sea más digerible electoralmente para algunos puertorriqueños.

Anteriormente explicamos que el concepto de Estado Libre Asociado no existe en ciencia política y puede tener cualquier significado. Lo cierto es que el nombre de Estado Libre Asociado tiene un peso colonial demasiado de fuerte que hace inaceptable y hasta contraproducente su reutilización. Es un imposible hacer desaparecer con un mero plumazo el peso de más de 70 años de historia colonial que carga dicho nombre. Además, la negativa de muchos puertorriqueños para aceptar tal nombre rompería el espíritu de consenso que fomenta la libre asociación. Además, aunque el nombre lo decidirá soberanamente la Constituyente, es de esperar que también Estados Unidos prefiera una nuevo nombre que represente la nueva relación. Estados Unidos no desea que quede duda alguna en la comunidad internacional de que la libre asociación es descolonización.

Si tomamos los nombre oficiales de los tres Estados del Pacífico con los que Estados Unidos mantiene acuerdos de libre asociación, es de suponerse que el nombre oficial de Puerto Rico en libre asociación sea la República de Puerto Rico. El nombre de república es el adecuado dado que representa la soberanía que la libre asociación otorga y la forma republicana de gobierno que tendrá. A esto sigue igualmente que el jefe del poder ejecutivo de la República de Puerto Rico será llamado presidente.

El presidente de la Convención Constituyente, quien se convertirá en el presidente provisional de la República, realizará la proclamación de la República de Puerto Rico, momento en el cual el gobierno colonial de Puerto Rico dejará de existir. Por su parte, la Convención Constituyente se convertirá en el poder legislativo provisional de la República, es decir, en la Asamblea Nacional. Es importante señalar que el presidente provisional de la República no podrá presentarse como candidato a presidente en la primera elección constitucional.

Queda por decidirse la duración del gobierno provisional de la República. Se estima que dos años serán suficientes para aprobar toda la legislación fundamental necesaria para dar paso al primer gobierno constitucional. Para que exista la primera elección del primer gobierno constitucional, hay que aprobar, entre otras leyes, las electorales y de partidos políticos.

Toda ley vigente en Puerto Rico previamente a la proclamación de la República sea puertorriqueña o estadounidense, seguirá vigente hasta ser sustituida por leyes aprobadas por la Asamblea Nacional.

Es muy importante aclarar que el acuerdo de libre asociación debe incluir todos estos aspectos de la transición. Si dejamos algún aspecto en manos del gobierno colonial puertorriqueño, el proceso quedará comprometido.

Las líneas generales de la transición estarán plasmadas en el acuerdo de libre asociación, por lo que los puertorriqueños sabrán de antemano como será el proceso antes de aprobarlo democráticamente vía referéndum.

La terminación unilateral del acuerdo de libre asociación

Para muchos que defienden el régimen colonial en Puerto Rico, la libre asociación presenta el problema para ellos insalvable de que el acuerdo puede terminarse de forma unilateral.

Todos los pactos de libre asociación vigentes requieren la cláusula de terminación unilateral del pacto para proteger a las partes por igual. Esta es precisamente la exigencia que da validez internacional al pacto. De lo contrario, la comunidad internacional lo interpretaría como una imposición, lo cual es contrario a la definición misma de soberanía. Cabe señalar en este punto que, de todos los pactos de libre asociación que existen hace más de treinta años, ninguno ha sido terminado, ni unilateral ni bilateralmente. Todo lo contrario, han sido renovados consecutivamente por lo beneficiosos que han sido para la partes.

Los detalles de la forma y consecuencias de la terminación de un futuro acuerdo de libre asociación formarán parte del acuerdo, y será el pueblo puertorriqueño, vía referéndum, quien los apruebe o rechace. Asimismo, la terminación unilateral debe ser aprobada de igual forma a como fue aprobado el acuerdo, es decir, en el Congreso estadounidense mediante una ley y en Puerto Rico vía referéndum. No obstante, si nos dejamos llevar por los pactos vigentes, debemos esperar que, aun cuando concluya el acuerdo unilateralmente, Estados Unidos continuará con sus responsabilidades económicas con Puerto Rico y tendrá la última palabra en temas de seguridad.

La cláusula de terminación unilateral no es un impedimento para que el acuerdo sea lo permanente que las partes quieran. En este sentido, asemeja a un matrimonio. Los novios contraen matrimonio convencidos de que será para toda la vida, pero conociendo que existe la posibilidad del divorcio. Nadie decide no casarse por el "riesgo" de un divorcio. La libre asociación es un matrimonio con la posibilidad de divorcio, y el acuerdo es la capitulación matrimonial.

Sorprende este desasosiego que le provoca a colonialistas puertorriqueños la cláusula de terminación unilateral no se manifieste igualmente ante la realidad de que, bajo el Estado Libre Asociado, nada impide que Estados Unidos decida abandonar Puerto Rico sin ninguna responsabilidad o consecuencia.

En este sentido, es evidente que la libre asociación representa un avance exponencial frente al Estado Libre Asociado. Con la libre asociación existe un pacto real no colonial con validez internacional y con la posibilidad de terminación unilateral con consecuencias y responsabilidades para las partes. Con el Estado Libre Asociado, al contrario, existe una relación desigual, territorial y colonial en la que una de las partes tiene el control y dominio absoluto de ella, pudiendo terminarla irresponsablemente en cualquier momento.

CAPÍTULO 7

LA VISIÓN DE FUTURO

*El secreto del cambio es enfocar toda tu energía no en luchar
contra lo viejo, sino en construir lo nuevo.*
Sócrates

*El futuro tiene muchos nombres.
Para los débiles es lo inalcanzable. Para los temerosos,
lo desconocido. Para los valientes
es la oportunidad.*
Víctor Hugo

El cambio es ley de vida.

*Cualquiera que sólo mire al pasado o al presente,
se perderá el futuro.*
John Fitzgerald Kennedy

*Dame un pez y cenaré esta noche,
enséñame a pescar y cenaré siempre.*
Proverbio chino.

Los puertorriqueños han padecido el coloniaje estadounidense por más de un siglo. Han sido gobernados de manera

discriminatoria, injusta e inmoral, mediante leyes que no cuentan con su aval y que impiden la posibilidad de un buen gobierno. Este coloniaje promueve la disolución de la sociedad, impidiendo un desarrollo de Puerto Rico como país viable y limitando la calidad de vida de los puertorriqueños. Puerto Rico jamás conocerá la libertad, la democracia, la prosperidad, la justicia social y el desarrollo sustentable bajo el colonialismo.

Al preguntarnos hoy si Puerto Rico es un lugar bueno para vivir, tenemos que responder en la negativa. El escenario actual del país, después de más de un siglo de colonialismo estadounidense, resulta deprimente: economía improductiva, sistema educativo deficiente, sistema de salud colapsado, maltrato continuo al medioambiente, tasas de desempleo críticas, niveles de corrupción intolerables, infraestructura dilapidada y bancarrota fiscal, económica, política, social y moral.

Esta pesadilla colonial tiene que llegar a su fin. Para lograrlo, es indispensable comenzar un proceso de descolonización, no por la fuerza ni por la violencia, sino ganando las mentes y los corazones de los puertorriqueños con ideas coherentes, con planes sensatos y con argumentos morales. Para ello, es indispensable desarrollar una visión de futuro para Puerto Rico. No se puede descolonizar sin tener visión de futuro, y no se puede desarrollar visión de futuro sin aspirar a descolonizar. La pregunta obligada debe ser entonces, ¿descolonizar para qué? ¿Qué será de Puerto Rico luego de la descolonización? ¿Qué viene primero, la visión de futuro o la descolonización?

La visión de futuro es la razón para descolonizar, es el propósito y la agenda para seguir. Nos permite definir el país que queremos e imaginarlo. Sin una visión de futuro, la soberanía queda hueca, sin sentido, un montón de piezas sueltas que no sabemos qué construir con ellas. Acceder a la soberanía sin una visión de futuro nos abocaría indudablemente al fracaso y al caos.

Aunque fracasada, casi es preferible la condición colonial al caos de una soberanía sin propuesta, sin cohesión, sin proyección hacia futuro. Vale aclarar que esta visión de futuro que aquí se presenta no abarca todos los temas, y sus contenidos pueden ser debatible. En todo caso, se trata de lineamientos generales de una posible visión de futuro para Puerto Rico que puede y debe ser mejorada.

Vale aclarar también que la soberanía implica el nacimiento de una nueva clase política. Con la actual clase política del país no habrá nunca descolonización ni visión de futuro. Es una certeza que muy pocos de los políticos actuales sobrevivirán con la descolonización y la soberanía. También es una certeza de que la nueva clase política, la que sustituirá a la desbancada clase política colonial de ahora, existe y está dispuesta a dar un paso al frente una vez comiencen en serio los acontecimientos.

Tampoco se trata de engañar y pensar que la libre asociación será la solución de todos los problemas y que llegará automáticamente un gobierno perfecto. La soberanía apenas significa salir a nadar en las mismas aguas donde nadan los demás y en las mismas condiciones que lo hacen los otros, significa dejar de querer nadar atados de pies y manos, es decir, dejar de ahogarnos.

La soberanía les ofrece a los puertorriqueños la posibilidad de un país próspero y con verdadera justicia social, en donde todos tengan la oportunidad de desarrollarse al máximo su potencial humano. La soberanía es para regenerar a Puerto Rico, para mejorar y restaurar el buen estado del país, para trabajar y esforzarse por lograr la mejor calidad de vida posible y el desarrollo socioeconómico sostenible necesario.

La clave del éxito de esta visión de futuro es, precisamente, la confianza en las capacidades y posibilidades de los puertorriqueños. Puerto Rico cuenta con las mentes y el talento necesario para construir un país productivo, competitivo y capaz de ofrecerle a sus ciudadanos una buena calidad de vida. Las ideas y conceptos en la visión de futuro son los cimientos para lograr ser un país soberano exitoso, donde se disfrute de una amplia democracia participativa, una cultura política pluralista, un modelo integral de desarrollo económico y un ambiente de justicia y de tranquilidad social en el que la ley y el bien común son valores supremos.

Esta es la base y los cimientos de un país soberano viable y posible, que dejará atrás un modelo colonial improductivo y antidemocrático, incapaz de satisfacer las necesidades básicas y aspiraciones de la nación puertorriqueña. Es imposible, o al menos sumamente arriesgado, advenir a la soberanía sin una transformación profunda y abarcadora del sistema político, social y económico que por más de un siglo el colonialismo ha fomentado.

Se trata de una nueva forma de entender y hacer la vida como pueblo.

La justicia social

Puerto Rico debe ser un lugar de oportunidades para todos. Los puertorriqueños deben tener la posibilidad de hacer realidad sus ambiciones y sueños sin que las desigualdades, por razones de nacimiento o por hechos accidentales, lo impidan. La justicia social, la lucha contra la pobreza y la dependencia, no pretenden solo garantizar la subsistencia de los individuos; pretenden, además, lograr su autonomía en relación con el Estado, aumentando su capacidad de actuar. Para lograrlo se requiere un Estado de Derecho que funcione y cree las condiciones para ello, pensado siempre en el bien común.

Justicia social no significa la distribución equitativa de las riquezas del país entre todos los ciudadanos. Significa garantizarles a todos los ciudadanos que tengan las mismas oportunidades de disfrutar de las riquezas del país; significa evitar que el capital se acumule en las manos de unos pocos, dejando a vastas mayorías desposeídas; significa crear una sociedad con una clase media fuerte y cada vez más próspera.

La justicia social, es decir, la igual posibilidad para cada miembro de la sociedad de alcanzar un desarrollo pleno en su vida no debe confundirse con la dependencia que fomenta el colonialismo y perpetúa la pobreza de los puertorriqueños. La justicia social es combatir las causas que crean la desigualdad, la marginación y la pobreza, mirando el sistema político, económico, social, moral y cultural en su totalidad. Requiere cambios estructurales para crear las condiciones idóneas de igualdad de oportunidades para todos. Para lograr esto se requiere como etapa inicial terminar con la desigualdad suprema, con la esclavitud legalizada que representa el régimen colonial.

La economía

Puerto Rico tiene una oportunidad única para regenerar su economía en libre asociación con Estados Unidos. Subrayo que la libre asociación y la soberanía no son sinónimos de economía exitosa. Son meramente la oportunidad para tener dicha economía exitosa. Todo dependerá de la visión de futuro y del proyecto de país que se impulse.

Ciertamente esto representa cierto grado de incertidumbre, pero recalco que, bajo el fallido sistema colonial, la única certidumbre es que el desastre económico y social continuará agravándose. Como ya señalamos, la crisis actual que arropa a Puerto Rico es la crisis de un modelo colonial que nunca fue pensado para ser productivo y, en consecuencia, estuvo siempre abocado al fracaso y la bancarrota.

El objetivo principal del desarrollo económico es promover el crecimiento del país de modo sostenible, inclusivo y justo, con empleos de calidad, a través de una economía productiva que combata todas las formas de pobreza. Para alcanzar un desarrollo económico sostenible es imprescindible acelerar un proceso de transformación productiva, aumentar la inversión puertorrique-ña y extranjera, la productividad y la diversificación interna de la economía, y poner mayor énfasis a los sectores de servicios, exportaciones, tecnología, agroindustria y turismo.

Asimismo, se debe concentrar esfuerzos en el desarrollo de pro-piedad intelectual, en la investigación, en el desarrollo e inno-vación de productos, y en atraer inversión extranjera de mayor calidad, orientada a sectores y actividades consistentes con nues-tro plan económico en soberanía. Se trata de una visión integral, holística y abarcadora del desarrollo económico que promueva a largo plazo los objetivos principales de estabilidad, eficien-cia, productividad, protección del ambiente y desarrollo social. Puerto Rico soberano podrá encauzar la producción de energía hacia fuentes renovables, promover una industrialización inclusi-va y fomentar la innovación de productos y servicios.

La soberanía producto de la descolonización implica también que las leyes de cabotaje estadounidense dejarán de aplicarnos, y que Puerto Rico podrá comenzar de inmediato a comerciar libremente con Estados Unidos y el resto del mundo. Al abaratarse los costos de la transportación marítima y aérea, abrirse los mercados a nuestros productos y a nuestros consumidores, y al controlar los puertorriqueños sus propias variables económicas, la soberanía traerá una baja considerable en el costo de vida. Esto hará a Puerto Rico más atractivo para la inversión extranjera, así como más competente para el desarrollo pleno del turismo y la agroindustria, que serán pilares de nuestra economía futura.

El hecho de que los puertorriqueños no podamos decidir quién entra en nuestro país y en qué condiciones es una limitación que le ha impedido al turismo ser el pilar de la economía puertorriqueña que debería. Las restrictivas y limitantes políticas de visado turístico de Estados Unidos impiden el desarrollo turístico puertorriqueño pleno y del mejor tipo. Los puertorriqueños debemos asumir la responsabilidad de la inmigración y crear nuestra propia política de visados, abriéndole nuestro mercado turístico al resto del mundo sin las trabas que hoy le impone el actual sistema de visados colonial. Igualmente, es necesario que tengamos un servicio de inmigración y aduana las 24 horas en nuestros aeropuertos y puertos marítimos internacionales, para poder recibir vuelos internacionales de madrugada, que son los que ofrecen los precios más competitivos.

El control del espacio aéreo y marítimo puertorriqueño, así como la regulación de la transportación aérea y marítima, deben ser otros de los poderes soberanos que debemos asumir los puertorriqueños si queremos convertirnos en una potencia turística del Caribe. Ese poder nos permitirá abrir nuestro espacio aéreo y nuestros mares a un mayor número de rutas aéreas o marítimas del mundo bajo condiciones favorables y flexibles.

En cuanto al desarrollo de la agroindustria, será imprescindible proteger este sector económico del país. Lograr la seguridad alimentaria y mejorar la nutrición forman parte de la lucha contra la pobreza y la dependencia. Será necesaria una transformación profunda de la agricultura y la alimentación si queremos tener seguridad alimentaria. La promoción y uso de nuevas tecnologías en los procesos productivos agroindustriales, así como la inversión en investigación para nuevos productos y procesos, deben ser prioridad para el Puerto Rico soberano.

La soberanía le permitirá a Puerto Rico integrarse a las leyes de comercio internacional y utilizarlas en beneficio de su economía. Le permitirá también cuotas de productos importados que ayudan a fomentar la producción nacional.

Los intereses económicos estadounidenses serán salvaguardados bajo la soberanía puertorriqueña, siempre que no vayan en contra de los intereses económicos puertorriqueños. Un Puerto Rico próspero, con una economía productiva, le conviene a los Estados Unidos, en la medida que representa mayor oportunidad de inversión y negocio real para el capital estadounidense.

Se deben suscribir entre Puerto Rico y Estados Unidos acuerdos comerciales, un acuerdo de protección de inversiones y un acuerdo para evitar la doble tributación que reflejarán los intereses de ambas partes. Todo esto creará las condiciones para que los profesionales puertorriqueños en la diáspora deseen regresar a contribuir en el desarrollo y crecimiento económico de su país.

La internacionalización de nuestra economía ya no es una opción, es una necesidad urgente, y más ahora ante el nuevo escenario tarifario de Estados Unidos. Será prioridad la búsqueda de inversiones y oportunidades fuera del ámbito económico de Estados Unidos, para lo cual tendremos necesidad de una estructura diplomática moderna y eficiente.

Aunque el dólar estadounidense continúe siendo la moneda de circulación en Puerto Rico, el gobierno puertorriqueño se reserva el derecho de acuñar su propia moneda, física o digital, que convivirá junto con el dólar.

Por último, Puerto Rico debe contar con un sistema de estadísticas robusto y abarcador, validado internacionalmente. Solo así podrá ser efectivos en el diseño y ejecución de un plan estratégico integral de desarrollo económico. Lo contrario, como ocurre hoy, sería andar en la oscuridad, condenando cualquier esfuerzo económico al fracaso.

La ciudadanía

Existen muchos mitos en Puerto Rico sobre el tema de la ciudadanía que deben aclararse y explicarse de manera honesta y responsable, dado que los argumentos de miedo, la politiquería y los criterios electoralistas contribuyen a la confusión general.

Anteriormente, explicamos que la ciudadanía es una condición jurídica que adscribe una persona a un Estado. El pasaporte es una prueba de ciudadanía, es decir, el carné de dicha membresía, y debe cumplir con un formato y unas características específicas para ser reconocido internacionalmente. Igualmente, explicamos que la ciudadanía no representa siempre la nacionalidad del individuo

Una vez proclamada la soberanía de Puerto Rico en libre asociación, todo nacido en Puerto Rico será ciudadano puertorriqueño. Será una ciudadanía puertorriqueña en soberanía por lo que será reconocida internacionalmente y se emitirán pasaportes. La actual ciudadanía puertorriqueña que algunos reclaman no es reconocida internacionalmente. Más bien se trata de una ficción jurídica fruto de la telaraña de la jurisprudencia colonial. Es decir, esa ciudadanía no existe más allá de la ficción y el debate colonial.

Al momento de declarar la soberanía puertorriqueña, los puertorriqueños que así lo deseen podrán mantener su ciudadanía estadounidense, por lo que es de esperar que la mayoría de los puertorriqueños tendrán ciudadanía dual (puertorriqueña y estadounidense).

Si un puertorriqueño desea renunciar a la ciudadanía estadounidense lo podrá hacer en la embajada de los Estados Unidos que seguro se ubique en la Calle Chardón 150 en San Juan. En este caso, estos puertorriqueños solo tendrán la ciudadanía puertorriqueña. El acuerdo de libre asociación incluirá que los puertorriqueños que solo son ciudadanos de Puerto Rico podrán viajar sin visado a Estados Unidos, trabajar y vivir en ese país, e incluso servir en las fuerzas armadas de Estados Unidos.

Es importante señalar que, bajo la libre asociación, el tránsito aéreo de pasajeros desde Puerto Rico hacia Estados Unidos continuará siendo doméstico, ya que el acuerdo de libre asociación incluirá el programa de *Open Preclearence*, mediate el cual las inspecciones estadounidenses de inmigración, aduana y agricultura se realizarán previamente en Puerto Rico antes de partir hacia Estados Unidos. Esta iniciativa comenzó en el 1952 en el *Pearson International Airport* de Canadá.

No soy partidario de que en la libre asociación exista la posibilidad de renunciar a la ciudadanía puertorriqueña. Es preferible el concepto de "suspensión de la ciudadanía" para dar la oportunidad a retomarla fácilmente en un futuro. Así las cosas, si un ciudadano puertorriqueño que, a su vez, es ciudadano de Estados Unidos, desea suspender su ciudadanía puertorriqueña podrá hacerlo, y en ese caso será un extranjero más residente legal en Puerto Rico.

Bajo la libre asociación, todo ciudadano estadounidense o de otro país que no haya nacido en Puerto Rico, y que compruebe su residencia ininterrumpida en Puerto Rico por un periodo de cinco años, podrá adquirir la ciudadanía puertorriqueña automáticamente y sin un proceso de naturalización.

Asimismo, los extranjeros que sean residentes legales en Puerto Rico bajo la ley de inmigración estadounidense y no tengan los cinco años de residencia en Puerto Rico, podrán solicitar la residencia legal en Puerto Rico. Una vez cumplan los cinco años de residencia legal, podrán acogerse a la naturalización de la ciudadanía puertorriqueña. Si, por el contrario, el extranjero residente en Puerto Rico aspira a la naturalización estadounidense, tendrá que mudarse a Estados Unidos para cumplir con los años de residencia en ese país y los tramites de naturalización. Al momento de declararse la soberanía puertorriqueña, los extranjeros que se encuentren tramitando su naturalización estadounidense podrán concluir el proceso en Puerto Rico.

En relación con los extranjeros residentes en Puerto Rico de manera irregular, desafortunadamente conocidos como "ilegales", está por decidirse si continuarán en su condición irregular una vez sea proclamada la soberanía, o, por lo contrario, si habrá una amnistía general proclamada por el gobierno puertorriqueño que les otorgue la residencia legal en Puerto Rico. Esta última opción sería la preferible y justa.

Son cuatro los asuntos para negociar con Estados Unidos con relación a la ciudadanía en un Puerto Rico en libre asociación:

1. Los impuestos estadounidenses sobre el ingreso de individuos que son ciudadanos de Estados Unidos y residen en Puerto Rico.

   La ley estadounidense obliga a todo ciudadano estadounidense que vive en el extranjero a pagar contribuciones. En este sentido, todo ciudadano estadounidense residente en Puerto Rico estaría obligado a pagar impuestos sobre sus ingresos en Puerto Rico y en Estados Unidos. Ciertamente, y dado que Estados Unidos determina una cantidad muy alta de ingreso para estar obligado a pagar, una minoría los ciudadanos estadounidenses residentes en Puerto Rico que tendrían que pagar impuestos a ese país. Aunque en cantidad de ocasiones se ha presentado legislación en el congreso estadounidense para eximir el pago de impuesto a sus ciudadanos que residen en el extranjero, aún no ha sido aprobada.

   Puesto que la mayoría de los puertorriqueños serán, además de ciudadanos puertorriqueños, ciudadanos de Estados Unidos, la solución propuesta sería dejar el régimen actual. Todo ciudadano estadounidense residente en Puerto Rico, y que además sea ciudadano de Puerto Rico, solo pagaría impuestos en Puerto Rico.

Los ciudadanos estadounidenses residentes en Puerto Rico, que no sean ciudadanos de Puerto Rico, tendrían que asumir su responsabilidad contributiva con Estados Unidos y Puerto Rico. Por otro lado, si un puertorriqueño es residente en el extranjero y posee ambas ciudadanía, no tendría que pagar impuesto a Puerto Rico, pero sí a Estados Unidos.

2. La ciudadanía del cuerpo diplomático puertorriqueño acreditado en Estados Unidos.

Un Puerto Rico en libre asociación tendrá representantes diplomáticos en Estados Unidos. La ley estadounidense prohíbe que un diplomático acreditado en Estados Unidos sea ciudadano estadounidense. En consecuencia, esto trae la situación de que solo podrían ser acreditados diplomáticos ante ese país quienes sean exclusivamente ciudadanos puertorriqueños. Son tres las posibilidades a discutir en la negociación futura para solventar el problema:

A. Eximir a los diplomáticos puertorriqueños de la restricción;

B. Acreditar solo a ciudadanos puertorriqueños que no tengan ciudadanía estadounidense; o

C. Poder nombrar a ciudadanos puertorriqueños con ambas ciudadanía, pero sin gozar estos de privilegios e inmunidades en Estados Unidos.

La solución ideal sería la excepción, pero es la más difícil. Acreditar únicamente a los puertorriqueños que son ciudadanos puertorriqueños limitaría poder contar con los mejores recursos humanos, por lo que se entiende que la tercera opción, por incomoda que sea para Puerto Rico, puede ser la solución. Al tratarse de una relación de libre asociación, no debe existir problema en que algunos empleados de la embajada y consulados puertorriqueños en Estados Unidos no gocen de privilegios e inmunidades.

3. La excepción de los requisitos de residencia en Estados Unidos para que los padres que son ciudadanos estadounidenses y puertorriqueños con hijos nacidos en Puerto Rico puedan transmitir su ciudadanía estadounidense por derecho de sangre.

Todo ciudadano estadounidense que tenga un hijos en el extranjero puede traspasar por derecho de sangre su ciudadanía a sus hijos. Dado que al momento de declararse la soberanía toda persona ya nacida en Puerto Rico podrá retener su ciudadanía estadounidenses, sus hijos nacidos en un Puerto Rico soberano podrán adquirir la ciudadanía estadounidense por derecho de sangre mediante un simple trámite.

Para que el ciudadano de ese país que adquirió su ciudadanía por derecho de sangre pueda entonces traspasarla a sus hijos, existe hoy una restricción en la ley estadounidense que les exige algunos años de residencia en Estados Unidos para poderle traspasar su ciudadanía a su prole. Esta limitación existe para evitar que personas sin ninguna vinculación con Estados Unidos sean ciudadanos estadounidenses.

Así las cosas, en el caso puertorriqueño, nos enfrentamos ante la situación de que los hijos de ciudadanos estadounidenses nacidos en Puerto Rico con ciudadanía estadounidense por derecho de sangre solo podrían traspasarla a sus hijos si cumplen con el requisito de vivir unos años en Estados Unidos. Consideramos factible y posible que se exima a los puertorriqueños con ambas ciudadanías del requisito de los años de residencia. Es decir, que un ciudadano de Puerto Rico que tenga la ciudadanía estadounidense por derecho de sangre pueda traspasarla sin cumplir con el requisito de residencia en Estados Unidos.

Al tratarse de una relación de libre asociación, se puede argumentar que esos ciudadanos estadounidenses por derecho de sangre nacidos en Puerto Rico mantienen una vinculación con Estados Unidos, por lo que pueden transmitirles a sus hijos la ciudadanía estadounidense por derecho de sangre. En cierto sentido, se trata de una manera de mantener la situación actual, con la variante de que los puertorriqueños no serán ciudadanos estadounidenses por nacer en Puerto Rico, como lo establece la ley estadounidense *Jones-Shafroth*, sino por derecho de sangre, según pactado en el acuerdo de libre asociación.

Vale aclarar que un ciudadano estadounidense por derecho de sangre que no tenga los años de residencia en Estados Unidos o Puerto Rico, y tenga hijos en Puerto Rico, no podrá traspasarles su ciudadanía estadounidense.

4. El que puertorriqueños, que solo son ciudadanos de Puerto Rico, puedan recibir asistencia consular por parte de los consulados estadounidenses en aquellos países

donde Puerto Rico no tenga una oficina consular o embajada.

En libre asociación, los ciudadanos puertorriqueños serán asistidos por los consulados puertorriqueños. Allí donde no exista una misión consular puertorriqueña, la misión consular de Estados Unidos podrá prestar asistencia, pero solo si el Estado receptor lo autoriza previamente. Es decir, si un ciudadano puertorriqueño necesitara asistencia en Lomé, capital de Togo, ya que Puerto Rico no tendrá presumiblemente un consulado en Lomé, el consulado de Estados Unidos en ese país podrá asistir al ciudadano puertorriqueño, solo si Togo lo autoriza previamente. Este modelo existe en la Unión Europea y ha sido exitoso.

En líneas generales, este sería el panorama de la ciudadanía en un Puerto Rico en libre asociación con Estados Unidos. Está fundamentado en la experiencia y práctica estadounidense en los tres acuerdos de libre asociación que sostiene con las repúblicas del Pacífico, en conversaciones informales con expertos estadounidenses en política territorial y en la ley estadounidense misma.

Todo está sujeto a una negociación bilateral, posible y viable que, en el caso de ser genuino el deseo de lograr un acuerdo, no debe ser muy diferente a lo expuesto.

El poder legislativo

La visión de futuro sobre el poder legislativo debe ser unicameral, con cantidad reducida de legisladores ciudadanos quienes recibirán una dieta mensual, pero continuarán en sus respectivos trabajos profesionales, a excepción del presidente y el vicepresidente de la Asamblea Nacional Puertorriqueña.

Es importante que se establezca constitucionalmente una limitación de términos para evitar el legislador perpetuo, futuro político profesional. La figura del legislador suplente debe ser introducida para evitar elecciones especiales cada vez que ocurra una muerte, destitución, renuncia o vacaciones. Igualmente, se debe estudiar la posibilidad de incluir puestos legislativos que representen a la diáspora puertorriqueña.

De igual forma, el tamaño de la Asamblea Nacional de Puerto Rico se reducirá a un solo cuerpo administrativo y de ayudantes profesionales de carrera para asistir a los legisladores. Quedará terminantemente prohibido el cabildeo remunerado en la legislatura y la venta de influencias. Por último, los ciudadanos y el Presidente de la República podrán presentar iniciativas de ley ante la Asamblea Nacional.

El poder judicial

El poder judicial en un Estado es determinante para su éxito. La justicia es el cimiento de toda sociedad, y si la justicia no es justicia, o no funciona bien, es de esperarse que el resto de las estructuras del Estado funcione deficientemente. Por ello, los puertorriqueños debemos empeñarnos por lograr el mejor sistema de justicia posible que nos permita ser exitosos como sociedad. Debemos aspirar a un sistema de justicia despolitizado e independiente, ágil, con credibilidad, igualdad y confianza. Para generar riqueza y ser atractivos a la inversión extranjera, es fundamental tener el mejor sistema de justicia posible.

Es fácil llegar a la conclusión de que, en un sistema de justicia en el cual jueces y fiscales son nombrados y confirmados por políticos, utilizando criterios político-partidistas, no existirá la independencia y estará politizado. ¿Quién puede afirmar hoy que existe en Puerto Rico igualdad ante la ley? Solo un enajenado.

La visión de futuro sobre la justicia incluye por obligación que el poder ejecutivo deje de nominar jueces y fiscales, y que el poder legislativo deje de confirmarlos. Se crearán las carreras de jueces y fiscales nombrados por examinación, en las que mandarán el sistema del estricto mérito de la calificación más alta. Un panel independiente de jueces y otro de fiscales, electos por los mismo jueces y fiscales, serán los responsable de los destinos, los ascensos y el desempeño.

Es razonable que, a los jueces del Tribunal Supremo de la República de Puerto Rico, que será verdaderamente supremo, se le exija el mayor grado académico posible de un doctorado en derecho. Quien señale que no es necesario un grado doctoral seguramente no lo posee. Los jueces del Tribunal Supremos serán todos de la carrera judicial, y serán electos por término, exclusivamente por los miembros de la carrera judicial.

Asimismo, la Oficina de Ética Gubernamental y la Oficina del Contralor se fusionarán y dejarán de responderle a los poderes legislativo y ejecutivo. La nueva entidad podrá presentar directamente acusaciones a los tribunales de la República. Los fiscales de carrera elegirán al fiscal responsable de la contraloría y la ética gubernamental.

Igualmente, se garantizará un porcentaje del presupuesto nacional para el poder judicial que no podrá ser modificado por los poderes ejecutivos ni el legislativo, garantizando así la independencia y la imparcialidad judicial.

Tengamos presente que un poder judicial independiente y despolitizado es la mejor herramienta para combatir la corrupción y promover el desarrollo económico.

El poder ejecutivo

La República de Puerto Rico habrá de ser un Estado archipelágico presidencialista. El Presidente de la República será el Jefe de Estado y el Jefe de Gobierno. Entiéndase las dimensiones del Jefe del Estado como el máximo representante de la República, y el Jefe de Gobierno como quien define e implementa las políticas públicas del gobierno.

Lo ideal sería que el término del Presidente sea solo uno, sin reelección, con una mayor extensión de los acostumbrados cuatro años, aunque esta será un decisión de la convención constituyente. Obviamente, se vislumbra que existan requisitos de ciudadanía, edad y residencia. Tomando en cuenta la diáspora, y la realidad de que gran parte de los puertorriqueños serán, además, ciudadanos estadounidenses, es inconveniente exigir el requisito de nacimiento en Puerto Rico y la exclusividad de la ciudadanía puertorriqueña.

El cónyuge del Presidente o Presidenta no tendrá ninguna responsabilidad gubernamental. No es democrático que alguien no electo ni es funcionario público tenga responsabilidades gubernamentales y maneje fondos públicos solo por el hecho de su matrimonio con el Presidente o Presidenta. En este sentido, lo que se conoce como la Oficina de la Primera Dama dejará de existir.

El Presidente conformará su equipo de trabajo y gabinete con plena libertad. Igualmente, podrá organizar la estructura del gobierno como lo entienda necesario y demande la política pública. Será el Presidente el único responsable de las acciones gubernamentales, no su subordinados. Esta libertad de criterio es importante para lograr un gobierno sencillo, ágil y eficiente.

En otras palabras, el Presidente debe tener derecho a decidir la cantidad de ministerios, su organización y sus competencias. Igualmente, debe ser el solo responsable de la designación de los ministros, sin intervención de la Asamblea Nacional. Esta libertad de organización y selección otorga al Presidente toda la responsabilidad del gobierno. La práctica existente, imitada de Estados Unidos, de exigir la aprobación del poder legislativo para confirmar nombramientos y organizar el gobierno, no responde a las exigencias de un gobierno ágil y efectivo que los tiempos demandan.

Es compresible que quienes siempre utilizan como marco de referencia a Estados Unidos entiendan que, bajo la soberanía Puerto Rico, se debe mantener esa práctica que llaman de "consejo y consentimiento" del poder legislativo. La realidad es que muchos países otorgan la libertad al poder ejecutivo de elegir los ministros y organizar la estructura del poder ejecutivo. Está demostrado que es un sistema que otorga mayor flexibilidad, agilidad y efectividad. Igualmente, en Puerto Rico se ha demostrado hasta la saciedad que el consejo y el consentimiento de los nombramientos se utiliza para el chantaje, la venganza, el desquite y la politiquería.

Muchas injusticias se han cometido en nombre de ese mal llamado consejo y consentimiento. Además, el Presidente debe tener la libertad de destituir a cualquier ministro y al día siguiente nombrar otro en propiedad, sin dilaciones para no interrumpir los trabajos. Obviamente, cada ministro debe cumplir con requisitos y la Presidencia de la República debe crear los procedimientos de investigación, exámenes psicológicos, entre otras, antes de realizar un nombramiento.

Los ministros de la República deben estar siempre disponibles para rendir cuentas a la Asamblea Nacional cuando les sea requerido. Cabría la posibilidad de que, tras un tiempo en el cargo, la Asamblea Nacional pueda presentar una moción de censura contra algún ministro por entender que su trabajo sea deficiente, y, de ser aprobada, sería obligatoria su dimisión.

Los ministerios deben ser los menos posible. Un ministerio debe agrupar diversas áreas de gobierno afines y relacionadas. En este sentido, y a modo de ejemplo, un Ministerio de Justicia e Interior debe incluir las competencias de justicia, reglamentaciones, pasaportes, inmigración, policía y cárceles. De este modo se logra una mayor coordinación y efectividad. Dada la importancia, complejidad y especificidad de algunas áreas de gobierno, habrá ministerios que solo traten una área en específico, como las relaciones exteriores, la defensa, la agricultura, el turismo, la cultura, entre otros.

Cada ministerio contará con un ministro, un viceministro, las direcciones generales y las direcciones que sean necesarias por área de trabajo. Es importante que los nombramientos a ministros y viceministros sean presidenciales, mientras que las direcciones generales sean por el ministro. Las direcciones deben ser ocupadas por funcionarios de carrera, a discreción del ministro. Sería conveniente que, para los cargos de ministro, viceministros, directores generales y directores, se exija un grado académico mínimo de maestría, con una constante formación y evaluación de su trabajo.

El servicio público

Puerto Rico debe contar con un gobierno moderno y eficiente, en el que predomine el estricto principio del mérito de la calificación más alta. Una reingeniería del gobierno para hacer el servicio público más eficiente, sencillo y cercano al ciudadano implica reorganizar los futuros ministerios y descentralizar sus funciones.

Todo funcionario público deberá tener una formación obligatoria en servicio público y recibir educación continua, para lo cual se creará una escuela especializada del servicio público dedicada a la formación continua de los funcionarios de carrera. Toda plaza pública de carrera deberá otorgarse mediante examinación y bajo el estricto principio del mérito, ocupándose por la calificación más alta. Igualmente, los asensos y los destinos de los funcionarios de carrera serán determinados por el principio del mérito, mediante un panel de funcionarios electos por los propios funcionarios de carrera en cada ministerio. Solo así se podrán corregir las malas prácticas que han socavado y desprestigiado al servicio público puertorriqueño.

Cada funcionario público de carrera debe ser una barrera contra la corrupción. Para ello, es imprescindible crear un sistema de administración pública totalmente independiente del sistema político, en el que se prohíba la participación mutua. Dicho sistema debe proveer las condiciones adecuadas para que cada vez menos gente corrupta se acerque al servicio público, recuperando el gobierno su capacidad de atraer personas competentes y capacitadas.

La regionalización

La regionalización y descentralización gubernamental de Puerto Rico serán clave para mejorar la eficiencia de la administración pública y la manera del Gobierno acercarse a los ciudadanos. Para estructurar este proceso, se utilizarán criterios científicos, históricos, geográficos y demás para el diseño de las regiones administrativas, que tendrán sus poderes ejecutivo y legislativo debidamente electos por el pueblo.

Las regiones, que podrían llamarse provincias, departamentos o distritos, podrán asumir funciones de gobierno que actualmente ejerce el gobierno central. Es posible argumentar que llamar provincia a la regiones puertorriqueñas sería lo adecuado, ya que el nombre refleja la tradición e historia caribeña. El nombre de provincia no es ajeno a Puerto Rico, ya que en un tiempo fue provincia de España. Igualmente, en la República de Cuba y la República Dominicana utilizan el nombre de provincia para referirse a sus componentes.

Hay que reconocer que el municipio tiene una fuerza sentimental y romántica en Puerto Rico. Su creación responde a otros tiempos en los que factores geográficos, comunicaciones, acceso y distancia lo justificaban. Actualmente, son una figura de administración territorial anacrónica, razón por la cual muchos de los 78 municipios puertorriqueños son inviables. En este sentido, en la visión de futuro, el municipio puertorriqueño no desaparecerá, pero será una subdivisión territorial de la provincia, administrada por un gobernador y una asamblea provincial, ambos electos.

Una vez se instaure el gobierno provisional de la República de Puerto Rico, los alcaldes de los municipios que configuren una provincia elegirán de entre ellos un gobernador provisional de la provincia, mientras el resto de los alcaldes pasarán a formar parte de la asamblea provincial, junto a los presidentes de las legislaturas municipales.

Las elecciones

Para lograr una sociedad más democrática y vencer la corrupción es imprescindible comenzar despolitizando el proceso electoral al terminar su control por parte de los partidos políticos. La Comisión Estatal de Elecciones desaparecerá y será sustituida por un Tribunal Electoral compuesto por jueces de carrera electos por la carrera judicial. De igual manera, fiscales de carrera formarán parte del Tribunal Electoral. Será completamente independiente de los partidos políticos y los funcionarios que allí trabajen serán todos de carrera.

Como parte de su contrato, todo funcionario público de carrera estará obligado a trabajar en los eventos electorales si fuera convocado por sorteo. Así se garantizará que todo evento electoral sea administrado y llevado a cabo por funcionarios públicos de carrera.

Porque la política es negociación y diálogo, debemos permitir y fomentar las alianzas y los pactos políticos, facilitando el proceso de inscribir partidos políticos y las candidaturas independientes. Si un candidato no obtiene el 50% de los votos para ocupar un cargo político, es imperativa una la segunda vuelta electoral entre los dos candidatos con más votos, de modo que se garantice que ningún gobierno tenga menos del 50% del apoyo electoral.

Se promoverá un mayor control de los procesos electorales, limitando el periodo electoral a un mínimo y comprometiendo a cada partido con limpiar su propaganda electoral. Se deberá establecer un periodo de reflexión electoral de 48 horas antes del evento, en el que estará prohibida toda campaña electoral y publicación de encuestas para así limitar su influencia en el elector. Se debe buscar que los partidos políticos tengan igual oportunidad de acceso y tiempo en los medios de comunicación de masas.

Unas de las principales fuentes de corrupción ocurren en la financiación de los partidos políticos y las campañas electorales. Para combatirla, debemos asumir como pueblo que el financiamiento de los partidos políticos y las campañas será público. Esto implica que el costo de una campaña electoral debe ser mínimo, y que el acceso a los medios de comunicación de masa debe ser gratuito e igualitario.

Se limitarán los términos de los funcionarios electos para evitar el caudillismo. Se incluirá la figura del suplente electo en los cargos para evitar elecciones especiales en casos de muerte, renuncia o destitución. En relación con los términos de los funcionarios electos, en algunos países existe la reelección indefinida y en otros existe la reelección limitada. Algunos prohíben la reelección, otros la reelección consecutiva. Este es un tema a tratar en la convención constituyente. Se puede decir que la reelección indefinida no es la opción preferible, dada su tendencia a fomentar el caudillismo y distorsionar la democracia.

Lo más conveniente sería algún tipo de limitación a la reelección. Es deseable que, en el caso del presidente y gobernadores de la República, solo se permita una término. Y en cuanto a los tiempos de los términos, ¿cuántos años debe ser? ¿Cuatro, cinco, o seis? La experiencia nos dicta que cuatro son pocos, mientras que seis parecen demasiado. Tal vez cinco años sea lo ideal.

Es importante hablar sobre la edad mínima para votar. Bajo el Estado Libre Asociado la edad mínima comenzó a los 21 años y luego se redujo a los 18 años. Debemos anticipar que en la convención constituyente se traerá la propuesta de bajar la edad a los 16 años, como existe en países tales como Austria, Argentina y Brasil. Existe el argumento de que a los 16 años no se tiene la madurez para votar, pero también es una realidad que se encuentran personas de 40 años que tampoco tienen la madurez y votan. Es generalizado encontrar hoy día a jóvenes de 16 años con la madurez adecuada.

Si se incluyen cursos obligatorios sobre ciencia política en las escuelas a edades tempranas, sería factible bajar a la edad a 16 años. Lo que no se puede dudar es que, mientras más jóvenes participen en las elecciones, más se fortalece la democracia.

Por último, una breve nota para señalar que todo ciudadano puertorriqueño, independientemente de su residencia, tendrá el derecho al voto.

La internacionalización

Los desarrollos recientes en los campos de tecnología, informática y transportación han cambiado para siempre la relación de las distancias entre los pueblos que ocupan el planeta, y han hecho, por así decirlo, un mundo más pequeño. Los retos y problemas que enfrenta la Humanidad, tales como el desarrollo sostenible, la protección del medioambiente, el narcotráfico, la pobreza, el terrorismo, la energía, la migración irregular, han pasado a ser asuntos que a todos nos conciernen.

Asimismo, la interdependencia de productos y de capital creada por estos acontecimientos ha tenido un impacto profundo y de enorme trascendencia tanto para la economía mundial como para las economías nacionales. Invertir e insertarse de lleno en el ambiente de una economía internacionalizada ha dejado de ser opción para Puerto Rico para ser ahora necesidad. Invertir en nuestras relaciones exteriores es hoy equivalente a invertir en el pueblo.

El fenómeno de la mundialización económica y comercial, para el cual no se vislumbra que haya marcha atrás, ha aumentado marcadamente el nivel de competitividad y excelencia necesario para sobrevivir en este nuevo ambiente global. La información se ha convertido en elemento indispensable para participar en la nueva realidad mundial, siendo imposible participar de oportunidades económicas sin información clara y precisa. En otras palabras, la información y su buen uso son la diferencia entre el éxito o el fracaso de cualquier modelo de desarrollo económico.

La mayoría abrumadora de los países del mundo, tanto los ricos como los pobres, destinan grandes recursos para competir, para buscar oportunidades y espacios económicos viables que ofrezcan para sus pueblos la posibilidad de crecer y desarrollarse y crear una mejor vida. Pero la naturaleza misma de esta nueva economía ha hecho más palpable que nunca la necesidad de colaboración y unión entre los pueblos, por encima de su nivel de desarrollo y sus necesidades particulares.

Con este propósito, se han creado a través de todo el globo organizaciones internacionales y asociaciones de integración económica y desarrollo, destinadas al propósito de aglutinar esfuerzos para lograr mayor efectividad en la búsqueda de respuestas a los problemas que comparte la Humanidad. Estas entidades internacionales financian programas y realizan estudios para el beneficio de sus participantes que, dada la falta de recursos económicos, de personal y de análisis comparativos, sería imposible realizarlos de manera independiente.

A lo largo de la mayor parte de su historia, Puerto Rico ha vivido un aislamiento económico y comercial del resto del mundo que, si bien en otra época pudo justificarse, hoy resulta anacrónico y contraproducente al bienestar de nuestro pueblo. La penetración de Estados Unidos en el mercado puertorriqueño, así como las preferencias económicas con que contaba Puerto Rico dentro de su relación con este país, fueron en un tiempo factores de suficiente relevancia para lanzar y mantener el desarrollo económico de un pueblo que luchaba por salir de la abyección y la pobreza.

Las ventajas económicas y la certidumbre de que Estados Unidos, al defender sus intereses en el marco internacional, defendía los nuestros, llevaron al surgimiento en Puerto Rico de una mentalidad aislacionista con un efecto negativo en el desarrollo de su sociedad y su forma de vida.

Hoy, la realidad es otra. Al desaparecer la mayoría de los beneficios con que contaba Puerto Rico, o al hacerse extensivos a otros países y regiones tales como el Caribe, México, Israel y Centro América, ha perdido su capacidad para atraer capital estadounidense, así como el acceso preferencial a su mercado.

Asimismo, la apertura y mundialización de los mercados ha cambiado las circunstancias para todos los países, inclusive Estados Unidos, cuyos intereses no siempre coinciden con los de Puerto Rico. Poniéndole fin a esta actitud aislacionista que ha caracterizado al país hasta ahora, Puerto Rico podrá lanzarse a la búsqueda de nuevas oportunidades económicas y comerciales inexistentes hasta ese momento.

Para ser más competitivo y productivo, Puerto Rico debe ser un país integrado plenamente al mundo. Es imprescindible desarrollar una cultura internacional en todos los ámbitos de la vida puertorriqueña, con especial énfasis en el comercio, la cultura, la educación y el deporte como los cuatro pilares de la internacionalización del país.

El Caribe será nuestra puerta de entrada al mundo, ya que le ofrece a Puerto Rico la oportunidad de lanzarse hacia mercados cercanos y conocidos que lo llevarán a otros nuevos y más amplios. Para ello, es imprescindible formar un cuerpo de funcionarios profesionales en temas internacionales, capaces de identificar oportunidades y defender los intereses puertorriqueños a través del planeta.

Aprovechando las múltiples maneras de representación diplomática que existen hoy día, algunas posibles gracias a la tecnología, Puerto Rico podrá establecer un cuerpo diplomático de carrera, eficaz y bien adiestrado, capaz de llevar a cabo esta misión y la labor de promover e internacionalizar los productos y la cultura puertorriqueña. Puerto Rico será un país soberano, que respeta los derechos y la soberanía de otros pueblos, y que fomenta y defiende el mantenimiento de la paz, la solidaridad y la solución negociada de las controversias.

En el ámbito económico, la internacionalización abrirá una mar de nuevas oportunidad y herramientas para garantizar un desarrollo socioeconómico sustentable, entre las que se encuentran:

1. Estudios y recomendaciones sobre desarrollo socioeconómico puertorriqueño por parte de organizaciones internaciones especializadas;

2. La inclusión de Puerto Rico en las bases de estadísticas socioeconómica internacionales, lo cual permitirá realizar una comparación con las demás economías del mundo;

3. El acceso a financiamiento internacional por parte de organizaciones internacionales y de otros países.

4. Ser destinatarios de proyectos de cooperación al desarrollo por parte de organizaciones internacionales y de otros países.

5. Acuerdos bilaterales y multilaterales comerciales.

6. Acuerdos bilaterales para la protección de inversiones.

7. Acuerdos bilaterales para evitar la doble tributación.

8. La vinculación directa en bloques comerciales.

9. El control de nuestro espacio aéreo y marítimo que nos permitirá ampliar nuestras conexiones con el mundo.

10. El control de la inmigración que nos permitirá flexibilizar los visados turísticos, inversionistas y de negocios.

La educación

La educación de excelencia es la base para mejorar la vida de las personas y para el desarrollo sostenible de cualquier país. Para lograr la justicia social, hay que garantizar una educación inclusiva, equitativa y de calidad para todos los puertorriqueños. Para ello, es indispensable despolitizarla y transformarla en una herramienta dirigida a estimular y fortalecer la formación profesional, el autoempleo, el empresarismo, la cultura, las matemáticas, las ciencias y el deporte.

Es indispensable que la educación esté engranada con el plan de desarrollo económico integral del país, para así formar puertorriqueños que puedan integrarse plenamente al ambiente laboral. Será de gran importancia inculcar una formación que resalte la cultura y el orgullo puertorriqueño, fomentando así la consciencia de lo propio, que es la base de la cohesión social.

Debe establecerse una escuela de ciencia y tecnología en cada provincia del país a la que acudirán los mejores estudiantes del sistema público de la región. Los maestros en estas escuelas especiales deberán contar, como mínimo, con una titulación de maestría, ganarán el mejor salario posible y recibirán educación continua, recursos, bonificaciones, viajes educativos, etc.

El éxito probado de este modelo escolar será el factor que garantice su multiplicación, eventualmente convirtiéndose en el modelo dominante. Se establecerán también escuelas especializadas en otras ramas del saber humano que pueden también ser motores de nuestra economía, tales como música, actuación, deportes, artes, entre otras, que serán del mismo nivel de excelencia.

Entendamos bien que una educación enfocada en el maestro es una educación enfocada en los estudiantes. Es por ello crucial que la profesión de maestro sea bien remunerada y con privilegios. Debemos aspirar a que los mejores estudiantes quieran ser maestros. Las plazas de maestros deben ser ocupada por oposición, por la nota más alta. El requisito mínimo de formación debe ser la maestría, por lo que se deben trasformar los programas universitarios de magisterio para que sean de cinco años con el título de maestría. Igualmente, el Ministerio de Educación debe sufragar los estudios doctorales de aquellos maestros que así lo deseen.

Asimismo, se debe sufragar la maestría de aquellos maestros que ya están dentro el sistema y que no la tengan. Los asensos y salarios de los maestros serán responsabilidad de un panel compuestos por maestros electos entre sus pares. Los directores de escuela y los directores educativos provinciales serán electos, en el primer caso, por los maestros de la escuela, y en el segundo caso, por los maestros de la provincia.

Todos los beneficios y privilegios posible al maestro implican que se le exigirá más. Será obligatorio la educación continua todos los viernes, mientras que los estudiantes tendrán actividades, conferencias y deporte. Todos los veranos, por sorteo, los maestros realizarán viajes educativos sufragados por el gobierno. Los que no puedan viajar, tomarán cursos y conferencias. Igualmente, se organizarán viajes educativos todos los veranos para estudiantes.

Es muy importante que la hora de comienzo de clases no coincida con el inicio de la jornada laboral de los padres, y que la salida de los estudiantes coincida con el horario del fin de la jornada laboral. Es decir que la escuela deberá comenzar más temprano y terminará más tarde. Las últimas horas del día escolara deben ser para actividades deportivas y para realizar tareas. Ningún estudiante debe realizar tareas en su hogar.

Algunas escuelas en cada provincia deberán tener un horario nocturno para adultos. Se ofrecerán programas para terminar la escuela superior, alfabetización, cursos especializados e idiomas.

Los títulos universitarios no son la única alternativa de desarrollo profesional. Por esto, es fundamental ofrecerles a los jóvenes puertorriqueños otras opciones fuera de la academia para realizar carreras profesionales. Las profesiones vocacionales son un elemento esencial del andamiaje social. A nivel de escuela superior, se debe prestar particular atención a este renglón de la educación que le ofrece a nuestra juventud una gama más amplia de opciones profesionales.

La Universidad de Puerto Rico

La Universidad de Puerto Rico es uno de los mayores logros sociales de los puertorriqueños y su mejor herramienta para romper el círculo de pobreza y dependencia. Es, sin duda, el mejor ejemplo que tienen los puertorriqueños de cómo la educación superior es el medio más efectivo de progreso social. Siendo nuestro principal punto de apoyo para salir de la crisis económica, política, social y moral que nos ahoga, la Universidad de Puerto Rico es hoy más relevante que nunca para la visión de futuro, dado que será la base sobre la cual se construirá un Puerto Rico regenerado en soberanía.

Para tener una Universidad más vigorosa y eficiente, esta debe adaptarse a las necesidades de nuestros tiempos, educando estudiantes que puedan ser actores de cambio y líderes con visión. Los programas académicos de la Universidad de Puerto Rico deben adecuarse a las exigencias del mercado laboral de hoy y del futuro, así como ser el eje del plan de desarrollo económico del país, a corto y largo plazo. Acorde con estos criterios, la Universidad agilizará el diseño y aprobación de nuevos programas académicos, identificando cuáles deben priorizarse y cuáles reducirse.

Más que nunca, se enfocará en producir profesionales con títulos de maestría y doctorado capaces de generar propiedad intelectual, lo cual exige fortalecer y aumentar los programas graduados y la investigación. La demanda no debe ser la única razón para crear programas graduados, sino que esta debe ir de la mano con la planificación económica del país, por lo que se debe estimular a nuestros jóvenes a proseguir estudios graduados en materias estratégicas mediante becas e incentivos.

Lo antes expuesto no significa que la Universidad abandonará sus programas de artes, humanidades, ciencias sociales, y literatura. Por el contrario, esos programas son esenciales para el progreso de la nación y su desarrollo socioeconómico.

La Universidad de Puerto Rico debe ser una, con un solo rector. Los actuales recintos deben ser campus de la misma universidad. Igualmente, cada campus debe buscar una especialización en sus programas. El rector de la Universidad de Puerto Rico deberá ser electo por la comunidad universitaria y será miembro del gabinete del poder ejecutivo de la República.

Los estudios en la Universidad de Puerto Rico deben ser gratuitos. A cambio, los egresados, cumplirán con un servicio ciudadano que dependerá de sus años de estudio. Para bachillerato, un año de servicio ciudadano, para maestría un año y doctorado un año. Es decir, si un estudiante realiza un bachillerato, una maestría y un doctorado, deberá realizar tres años de servicio ciudadano. El servicio ciudadano se realizará en el gobierno nacional, o el gobierno provincial. Igualmente, se podrá realizar en organizaciones no gubernamentales, y pequeñas empresas.

A modo de ejemplo, un maestro, una enfermera, un trabajador social, un médico, un psicólogo, podrán estar en un barrio marginado realizando su servicio ciudadano e impactando positivamente a la comunidad. Igualmente, los ministerios podrán beneficiarse de cientos de contadores, administradores y abogados que realizarán su servicio ciudadano. Recibirán una salario mínimo durante su servicio ciudadano, y, de ser necesario, se le otorgará transportación y vivienda. La experiencia que obtendrán los egresados de la Universidad de Puerto Rico por sus servicios será muy valiosa, haciéndolos mejores profesionales y ciudadanos.

De esta forma, harán disponibles al pueblo sus conocimientos, aportando al desarrollo sostenible del país como retribución por haber recibido gratuitamente una educación de excelencia. Aquel egresado de la Universidad de Puerto Rico que no desee realizar el servicio ciudadano podrá ser eximido una vez realice el pago del costo real de su educación, no el costo subvencionado. El estudiante de escuela superior que interese entrar en la universidad y no desee realizar el servicio ciudadano, tiene la opción de la universidad privada.

Si un egresado de la Universidad de Puerto Rico abandona el país sin cumplir con su servicio ciudadano, tendrá una deuda en la hacienda puertorriqueña que le impedirá realizar gestiones en el gobierno de la República, a no ser que entre en un plan de pago.

Solo hay que imaginar el ahorro que este programa representa para el gobierno y el impacto social positivo que traerá. No hay duda de que algunos de estos egresados, al culminar su servicio ciudadano, optarán por el servicio público de carrera.

Con el objetivo de construir una universidad pública diferente y competitiva, que responda a los retos que la globalización impone, la Universidad de Puerto Rico debe internacionalizarse.

En otras palabras, la internacionalización de la Universidad es la respuesta a la globalización, es un imperativo que se impone. La Universidad de Puerto Rico cuenta con los elementos necesarios para su internacionalización, enriqueciendo así la experiencia educativa de los puertorriqueños en un mundo global. El objetivo debe ser que todo estudiante universitario, de diferente vía o forma, tenga una experiencia internacional.

En un mundo global, ser un archipiélago en el mar Caribe trae consigo grandes desafíos para su educación superior. Puerto Rico está obligado a hacer mucho más para lograr visibilidad y ser competitivo. Muchos programas en la Universidad de Puerto Rico no pueden desarrollarse por falta de estudiantes, siendo los estudiantes internacionales clave para remediar esta carencia. Otorgándole becas a estudiantes internacionales de países en vías de desarrollo en el Caribe, se pueden fortalecer estos programas con poca matrícula nacional.

La internacionalización de la Universidad de Puerto Rico, sin embargo, no debe depender únicamente de fortalecer el intercambio estudiantil, sino más bien de crear una cultura internacional en la universidad misma. La internacionalización debe ser entendida como la búsqueda de la integración a la vida universitaria de dimensiones interculturales. Esto implica la promoción al desarrollo de una cultura internacional real a nivel universitario, que se traduzca en la formulación de políticas que garanticen la sistematización de los procesos y su continuidad.

Se debe realizar un análisis profundo y metódico sobre el alcance internacional de la Universidad de Puerto Rico, que culmine con una propuesta guía que dé paso a la elaboración de un plan estratégico de internacionalización de la universidad pública. No se trata de internacionalizar por internacionalizar. La internacionalización estratégica debe tener un componente dinámico, que responda a objetivos claramente definidos y a la capacidad de la institución. En el diseño y la ejecución de estrategias eficaces para este proceso, se debe ser igualmente consistentes con las normas de calidad internacional, así como sensibles a la cultura organizativa de la universidad.

La salud

Recibir servicios de salud no debe estar restringido al que tiene recursos económicos, ni debe ser causa de la ruina económica de una persona. Tener un plan de salud que cubra a todas las personas no requiere de países ricos sino de políticas de salud razonables, enfocadas y efectivas. El derecho al acceso de programas, cuidados y servicios que redunden en una mejor salud ha sido reconocido internacionalmente como un derecho humano fundamental.

Para lograr un desarrollo sostenible, es indispensable desarrollar un sistema de salud universal que pueda ser sufragado por el estado puertorriqueño. Esto se logra mediante un proceso de transición, moviéndonos de un enfoque reactivo de la salud, como es el actual, a un enfoque preventivo, como el que se practica en países con sistemas de salud universal. Esta tarea es indispensable para nuestro futuro, y Puerto Rico tendrá la capacidad de realizarla bajo la soberanía.

El enfoque reactivo del sistema de salud actual, basado en la ecuación de mayores ganancias mientras menos tratamientos preventivos se ofrezcan, ha demostrado ser contrario a la medicina misma y demasiado oneroso para un país con graves problemas económicos. Esta realidad apunta a la necesidad e importancia de tener un sistema de salud que incluya un abarcador programa de prevención y un plan (seguro o cobertura) de salud universal.

Los componentes de este plan son: la estructura de promoción, educación y prevención, cuyos resultados sean medidos por indicadores que permitan su continua evaluación; y un plan de salud universal que permite que todos disfruten de acceso a servicios de salud. Se trata de una cobertura de servicio universal inclusiva —todos los ciudadanos tienen acceso a los servicios de salud— que promueve la atención comprehensiva, integrada y basada en dar prioridad al cuidado primario.

Desde el punto de vista de la economía nacional, el plan de salud universal será muy positivo. Aunque podrán otorgar planes privados de salud complementarios, las empresas no tendrán que pagar un plan médico a sus empleados, generando un ahorro importante. De igual manera, los sectores privado y público se beneficiará de tener trabajadores más saludables, que faltarán menos al trabajo.

Cada turista que entre a Puerto Rico se le exigirá el pago del plan de salud universal nacional por los días que estará en el país. Los extranjeros residentes legalmente en Puerto Rico deberán pagar el plan de salud universal como condición para mantener su estatus migratorio vigente. Las personas en situación irregular podrán pagar el plan de salud universal nacional, independientemente de su condición migratoria y como condición para legalizar su estatus migratorio.

Esto requiere revisar las fuentes de financiamientos, la gobernanza del sistema, la definición del alcance de la cobertura, los determinantes sociales, las tendencias epidemiológicas (aumento en enfermedades crónicas), tendencias demográficas (como el aumento en la población de mayor edad), medición de la calidad en los servicios y tratamientos, el uso de la tecnología e informática, recursos humano y profesional adecuado y bien remunerado, prevención y tratamiento basado en evidencia, y el trabajo colaborativo e interprofesional.

La situación actual requiere análisis profundos pero ágiles para movernos con prontitud a la acción. El trabajo de análisis debe tomar en cuenta a todos los participantes, un mecanismo multisectorial y comunitario donde prime el bienestar de la población y no los intereses de particulares. El sistema de salud a implementarse no debe descartar a los proveedores de salud individuales ni entidades privadas, que serán complementarios, pero sí buscará resultados en términos de indicadores, acceso y eficiencia, por encima del lucro particular de unos pocos.

Ha quedado demostrado internacionalmente que, siguiendo un sistema que integre la prevención con una cubierta de salud universal, mejora el estado de salud general de una comunidad o nación, disminuye el costo para el Estado y las personas y, por estar las personas más saludables, aumenta la productividad económica. La Universidad de Puerto Rico debe acoger la importantísima tarea de organizar este sistema y presentarlo a los organismos de gobierno para su ejecución.

El mar puertorriqueño

El mar puertorriqueño no es hoy de los puertorriqueños. Puerto Rico no es solo la "Isla Grande" con sus islas, cayos e islotes, es un archipiélago y su mar, por lo que Puerto Rico es mucho más grande de lo que la mayoría de los puertorriqueños piensan.

En el mundo existen dos tipos de territorios, los que tienen un litoral marítimo o costa, y los territorios bloqueados o sin litoral marítimo.

Dentro de los territorios soberanos, es decir Estados, con litoral marítimo, existe un pequeño y selecto grupo calificado como Estados archipelágicos, del cual forman parte Cuba y la República Dominicana, entre otros. Puerto Rico, en un acuerdo de libre asociación con Estados Unidos, sería un Estado archipelágico, por lo que nuestra relación con nuestro mar será muy diferente a la que tenemos hoy.

Un país soberano con litoral marítimo tiene jurisdicción sobre los recursos marítimos y su suelo por 200 millas de sus costas. En otras palabras, todo lo que existe en el suelo marino (minerales) y los frutos del mar (peces y mariscos), son para el disfrute exclusivo del Estado que los posee. El nombre que el derecho internacional público le otorga a este espacio marítimo de un Estado es la Zona Económica Exclusiva (ZEE). Cuando la ZEE de dos o más Estados chocan o se sobreponen, se utiliza el criterio de la equidistancia.

De igual forma, cuando un Estado es incapaz de explotar los recursos de su ZEE puede otorgar concesiones pesqueras o mineras a terceros Estados para así obtener un ingreso. Otro aspecto importante de la ZEE es que solo se puede generar una ZEE en aquella costa de un territorio soberano que pueda sostener vida humana. En otras palabras, una isla rocosa o un banco de arena que no pueden sostener vida humana no pueden generar una ZEE.

Por la condición colonial, los puertorriqueños solo tienen una jurisdicción de nueve millas de las 200 millas de la ZEE a las que tendría Puerto Rico si fuera soberano. En otras palabras, todos los recursos del mar y su suelo más allá de las nueve millas, que vienen siendo 191 millas, son explotados y administrados por Estados Unidos, no por los puertorriqueños. Barcos y empresas estadounidenses pueden explotar los recursos marinos puertorriqueños en ese espacio de 191 millas al norte y el sur de Puerto Rico sin ningún beneficio para los puertorriqueños.

Es más, Estados Unidos podría otorgar licencias de explotación minera y pesca a naciones extranjeras y beneficiarse económicamente de los recursos marinos de los puertorriqueños. De hecho, no sabemos a ciencia cierta cuánto se ha beneficiado los EE. UU. de los recursos marinos que por derecho natural son de los puertorriqueños.

Hacia el Norte, Puerto Rico genera sin problemas las 200 millas de la ZEE. Hacia el Este, Estados Unidos unió nuestra ZEE con la de las Islas Vírgenes Estadounidenses, delimitándose la misma con Gran Bretaña bajo el principio de la equidistancia. En el caso de la costa oeste de Puerto Rico, la ZEE puertorriqueña se sobrepone con la ZEE de la República Dominicana, por lo que Estados Unidos y la Republica Dominicana delimitaron la ZEE mediante un tratado internacional utilizando el mismo principio de la equidistancia.

En el caso de la costa sur de Puerto Rico es más complejo, ya que Estados Unidos suscribió un tratado con Venezuela el 28 de marzo de 1978, en el cual Estados Unidos reconoció una ZEE en la Isla de Aves, un banco de arena caribeño de 4.5 hectáreas, de soberanía venezolana, incapaz de sostener vida humana, lo que restó por equidistancia un buen pedazo de la ZEE generada desde Puerto Rico. Es muy probable que los motivos políticos inclinaron al gobierno estadounidense de Jimmy Carter a aceptar la ZEE de Isla de Aves, contrario al derecho internacional público, lo cual benefició al gobierno venezolano de Carlos Andrés Pérez.

Demás está decir que, dado que el mar puertorriqueño es estadounidense, los puertorriqueños no fueron consultados ni tomados en cuenta en ninguno de los tratados internacionales de delimitación marítima que Estados Unidos suscribió con la República Dominicana, Venezuela y la Gran Bretaña.

Al momento de los puertorriqueños advenir a la libre asociación, tendrán el control total y absoluto de su ZEE y todos los recursos que en él se encuentren, lo cual generará una importante actividad económica en beneficio exclusivo de los puertorriqueños. Se suscribirán nuevos tratados de delimitación marítima con la RD, Venezuela y Estados Unidos, respetando el derecho internacional público y promoviendo los intereses puertorriqueños.

Los recursos marinos del archipiélago de Puerto Rico son de los puertorriqueños y deben ser explotados con responsabilidad por los puertorriqueños, en beneficio exclusivo de la nación puertorriqueña. Lo contrario es ilegal, colonial e inmoral.

La defensa

La defensa de Puerto Rico será responsabilidad de los puertorriqueños. Puerto Rico contará con sus propias fuerzas profesionales de defensa, enfocadas en atender amenazas tales como desastres naturales (huracanes, terremotos, pandemias), terrorismo internacional y cibernético, inmigración irregular, lavado de dinero, trata humana y narcotráfico internacional. Tendrán a su cargo velar el espacio aéreo y marítimo puertorriqueño, y participarán en misiones internacionales de apoyo en la región del Caribe.

Debemos tener claro que, en la actualidad, el concepto de defensa es mucho más amplio de lo que históricamente se entendía. La defensa hoy no se limita al sentido clásico de la guerra de invasiones y ejércitos enfrentados, ni tampoco tiene que ver con golpes de estado, dictaduras militares o violaciones de derechos humanos. En el mundo que vivimos, existen serias y complejas amenazas a la seguridad que solo pueden ser enfrentadas con la disciplina, planificación, entrenamiento y obediencia que ofrece la estructura militar.

Algunos independentistas puertorriqueños han señalado que, bajo la independencia, Puerto Rico será un país amante de la paz y que no tendrá ejército, como ocurre con las repúblicas de Costa Rica y Panamá, señalando que la seguridad y la defensa estarán a cargo de la policía. Tales afirmaciones son síntomas de la falta de visión de futuro, y solo pueden ser calificadas como faltas de conocimiento sobre estudios estratégicos, una rama de las relaciones internacionales. Como hemos señalado anteriormente, la independencia es la independencia, lo que implica que los temas de defensa y seguridad son responsabilidad exclusiva del Estado.

No tener unas fuerzas de defensa para un Estado implica una seria amenaza a la seguridad y la prosperidad. Dada que la complejidad de las amenazas a la seguridad irá en aumento, la policía por su naturaleza civil no es capaz de enfrentarlas. Entendamos que la policía debe ser civil, y no militar, dado que es el garante de la democracia. Añadir nuevas responsabilidades a la policía para las que no tiene competencia, ni recursos, ni personal, es debilitar la función de la policía. La policía solo debe ser responsable de la seguridad ciudadana y de combatir el crimen.

Para motivos de estudios estratégicos, la afirmación de que Costa Rica y Panamá no tienen ejércitos o fuerzas armadas no es exacta. No tienen ejército de nombre, pero sí en la práctica. Con conocer el Servicio Nacional Aeronaval de Panamá o la Unidad Especial de Apoyo de Costa Rica podemos entenderlo.

Tomando en cuenta que muchos puertorriqueños seguirán siendo ciudadanos de Estados Unidos, y que los hijos de éstos podrán también serlo, se planteará en el marco de las negociaciones con el gobierno estadounidense el mecanismo para que puedan seguir reclutando militares voluntarios en Puerto Rico para sus fuerzas armadas. Asimismo, en el marco de la cooperación y colaboración bilateral en asuntos de defensa, Estados Unidos podría tener acceso irrestricto al espacio aéreo y marítimo puertorriqueño.

La actual Guardia Nacional de Puerto Rico, que bajo el régimen colonial es parte integral de las fuerzas armadas estadounidenses, pasará a ser el embrión de las Fuerzas de Defensa de Puerto Rico. Durante las negociaciones de transición a la soberanía, se acordará el apoyo que Estados Unidos brindará para configurar unas fuerzas de defensa acorde con las necesidades e intereses de Puerto Rico.

Las Fuerzas de Defensa de Puerto Rico solo podrán participar en misiones en el extranjero de carácter militar con la autorización previa de la Asamblea Nacional de Puerto Rico, y por solicitud previa del Presidente de la República.

Los veteranos de las fuerzas militares estadounidense residentes en Puerto Rico continuarán recibiendo y disfrutando de sus beneficios, que el gobierno puertorriqueño garantizará por la vía diplomática con Estados Unidos.

También se debe considerar la aportación que harían las fuerzas de defensa a la economía mediante empleos, educación, experiencia, compras de bienes y servicios al sector privado, y mediante su propia industria militar. Además, las fuerzas de defensa crearán un ambiente seguro en Puerto Rico para los negocios y de recuperación económica luego de un desastre natural.

Por último, algunos comentarios sobre la Policía Nacional de Puerto Rico. La policía debe ser siempre civil. Igualmente debe ser independiente y profesional. Es decir, la política partidista no debe formar parte de la policía. El liderato de la policía debe ser de alto nivel y formación constante. La entrada de aquellos ciudadanos que desean ser policías debe ser por oposición, es decir, por mérito. Existirá un escuela de formación de policías para los agentes y oficiales. Los ascensos y puestos deben ser transparentes y decidido por el mismo cuerpo de la policía. Solo con una policía profesional y bien entrenada podremos lograr la paz y la seguridad a la que aspiramos los puertorriqueños.

CONCLUSIÓN

*Si ya sabes lo que tienes que hacer y
no lo haces entonces estás peor que antes.*
Confucio

*En ocasiones,
los hombres tropiezan con la verdad,
pero la mayoría se levantan y
se van corriendo como si nada hubiese pasado.*
Winston Leonard Spencer-Churchill

*Si no ahora, ¿cuándo?
Si no aquí, ¿dónde?
Si no nosotros, ¿quién?*
John Fitzgerald Kennedy

¿Cómo se concluye cuando queda casi todo por hacerse? Lo ideal sería concluir que no es tiempo de concluir nada, y sí de trabajar para que concluya el colonialismo en Puerto Rico. Es decir, por el momento, la conclusión es que hay que comenzar a trabajar para lograr algo bueno y nuevo que brinde esperanza.

Es imperativo asumir con confianza la creencia de que no hay nadie mejor que los puertorriqueños para gobernar y lograr el país de prosperidad, igualdad y felicidad con que todos sueñan. Los puertorriqueños han demostrado hasta la saciedad lo exitosos y efectivos que son cuando no intervienen las deslealtades impuestas.

El puertorriqueño se ha destacado en todas las facetas de la actividad humana. En las artes, el deporte, la academia, la investigación, la ciencia, los negocios, la solidaridad, y en tantas otras más, los boricuas han sobresalido. Es una realidad indiscutible. La única actividad humana en la que los puertorriqueños no se han destacado ha sido en la política. Nos preguntamos por qué, y la respuesta es sencilla: porque no la controlamos. Dado que los puertorriqueños se han destacado en casi todo, es de esperar que también se destaquen en la política tras la descolonización y en advenimiento a su soberanía.

En la historia de la descolonización del mundo, nadie ha estado mejor preparado que los puertorriqueños para advenir a la soberanía. Si bien es cierto que la soberanía no es garantía de prosperidad, desarrollo y justicia, es más cierto que sin soberanía es imposible alcanzar la prosperidad, desarrollo y justicia a los que aspiramos. Cuando la necesidad de sobrevivir toque a su puerta, los puertorriqueños comprenderán la importancia de los poderes soberanos y por qué todo el mundo los exige.

No hay duda de que el país está listo para enfrentar su destino político. Más temprano que tarde, Puerto Rico será uno de los próximos países en experimentar una transición pacífica y exitosa del colonialismo a la soberanía. La humanidad ha demostrado hasta la saciedad el amargo camino y fracaso de aquellos que creen que la imposición del engaño, la inmoralidad, y la ilegalidad es la mejor fórmula para prevalecer y obligar a todo un pueblo.

En el mundo han ocurrido transiciones políticas ejemplares, pacíficas y elegantes que han evitado la confrontación. Transiciones mucho más complejas y difíciles que la puertorriqueña han tenido éxito. Ningún Estado que fue colonia dice que estaba mejor cuando era colonia. Ninguno. La semilla está sembrada. El camino trazado es infalible y es la oportunidad que brinda esperanza. Ningún colonialismo puede sostenerse indefinidamente.

Puerto Rico vive uno de los momentos más difíciles de su historia. La mitad de la población del país está en el umbral de la pobreza; el índice de desigualdad es de los más altos del mundo; la taza de participación laboral es de apenas 40%; la dependencia de subsidios y donaciones estadounidenses es total; los niveles de corrupción son sin precedentes; los sistemas de salud y educación colapsados; el sistema eléctrico en ruinas; la criminalidad y violencia a niveles insoportable; la emigración, galopante; la economía, improductiva e incapaz de generar empleos y riqueza; el sistema político, antidemocrático, con una ausencia total de visión de futuro; se vive con la certeza de que todo irá a peor y sin esperanza.

Este camino, si se persiste, lleva a la inviabilidad de Puerto Rico. Para evitar esta catástrofe es necesario reconocer que el origen, la génesis y el pecado original de esta situación es el colonialismo estadounidense.

Si pidiéramos a los puertorriqueños crear una lista de los principales problemas del país, las respuestas incluirían desempleo, inseguridad ciudadana, corrupción, salud y educación, vivienda, entre otros. El colonialismo quedaría relegado a los últimos lugares de la lista. Sin embargo, la génesis del conjunto de los demás problemas es, precisamente, el colonialismo.

Lo que el pueblo manifiesta como sus principales problemas son en realidad consecuencias del pecado original. Es decir, los problemas que crea el colonialismo son las consecuencias que perciben los puertorriqueños. Estos problemas nunca se han podido resolver, al contrario, empeoran día a día pues nunca se ha pretendido resolver su causa.

La clase política tradicional solo busca resolver con parches y remiendos las consecuencias de este mal. Se trata de un populismo generalizado que busca ofrecer la apariencia o el espejismo de atender y resolver los problemas que percibe el pueblo, sumiendo al país en una crisis permanente en la que se buscan culpables. Es populista el político que despacha o aparta el colonialismo y dice concentrarse en resolver los problemas que importan a los puertorriqueños. Y dado que el pueblo cree las promesas vacías de algunos políticos sobre una solución a las consecuencias del colonialismo sin poner fin al colonialismo, Puerto Rico no podrá salir de su crisis permanente.

Esta clase política populista alimenta la ilusión con tal de seguir viviendo de falsas soluciones que se repiten y se repiten eternamente. La respuesta de la clase política puertorriqueña ha sido siempre pretender enfrentar las consecuencias sin atacar nunca el problema. Se trata de un patrón y estilo de vida del que es imposible escapar sin descolonización.

Es importante entender en el callejón sin salida en el que se encuentra Puerto Rico dado que, lamentablemente, en gran parte de la población no se asume el vínculo que existe entre el colonialismo y sus consecuencias. Los puertorriqueños deben hacer lo opuesto a lo que siempre han hecho para tener la oportunidad de lidiar efectivamente con las consecuencias del colonialismo. Sería la primera vez en la historia de Puerto Rico que se podrá dar solución a los problemas, en soberanía y democracia. Una oportunidad histórica. No se puede aspirar a un mejor país pretendiendo resolver los problemas del pueblo bajo el régimen colonial estadounidense.

Mientras se resuelve el dilema del estatus, siempre hay un espacio para el buen gobierno que, aun bajo el régimen colonial estadounidense, busque la estabilidad, la sana administración pública, comience algunas reformas hacia el futuro, sea un facilitador en la transición hacia la soberanía y, lo más importante, que no empeore la situación.

Será la nación puertorriqueña consciente la responsable de traer un cambio político a Puerto Rico. Aunque el camino sea escabroso y a veces sembrado de obstáculos e incertidumbre, el destino final de un estatus consensuado, soberano y democrático será inevitable. Afortunadamente, a nivel internacional, el momento no puede ser más propicio para una transición política. La promoción de la descolonización, la libertad y la democracia son objetivos oficiales en muchos países, por lo que existe una simpatía internacional a la búsqueda de un destino político soberano, democrático y consensuado para Puerto Rico.

Si la anexión de Puerto Rico a Estados Unidos fue siempre una quimera, hoy, por motivos económicos y culturales, es ya una alucinación colectiva. El Estado Libre Asociado ha demostrado su naturaleza colonial y su incapacidad de adaptarse para responder a las necesidades e intereses de los puertorriqueños, quedando irremediablemente descartado. La independencia, aunque natural y lógica, carece del respaldo de los puertorriqueños, lo que la convierte en una opción irreal por el momento.

La libre asociación, la cuarta vía, tal como lo define la Organización de las Naciones Unidas, se presenta como la alternativa que mejor responde a los intereses de los puertorriqueños y estadounidenses, y que mejor faculta el fin del colonialismo en Puerto Rico. En este último escenario, la nación puertorriqueña se convertiría oficialmente en un estado iberoamericano y caribeño, miembro en pleno derecho de la comunidad internacional.

Inevitablemente, en un futuro próximo, un gran debate se desarrollará en torno a la soberanía y los poderes que otorga. Igualmente, cuál debe ser el alcance de las reformas políticas e institucionales para enfrentar una nueva realidad. No estaremos solo. Serán muchos los Estados y organizaciones internacionales que nos apoyarán para garantizar el éxito. Para ello, es necesario que Puerto Rico alcance una mayor efectividad y competitividad en el mundo, y la realidad de un Puerto Rico colonial no es el ideal de país competitivo.

La soberanía es un elemento esencial para la integración de Puerto Rico en el mundo, que permitiéndole a los boricuas estar mejor equipados para alcanzar un desarrollo socioeconómico sustentable. Igualmente, es esencial reformar las instituciones gubernamentales para alcanzar un nivel óptimo de competitividad, agilidad y simplicidad en el proceso de toma de decisiones.

Lamentablemente, cualquiera que se empeñe en defender a ultranza una de las fórmulas tradicionales de estatus vive enajenado, anteponiendo su intereses individuales o su fanatismo a los intereses del colectivo, demostrando ser incapaz de ser persuadido por la lógica y la razón, subyugando a sus intereses sectarios los intereses de la nación entera. Quien todavía defiende y promueve las fórmulas tradicionales de estatus debe tener la honradez para reconocer la imposibilidad de alcanzar en la actualidad cualquiera de ellas.

Para salir de este atolladero, será imprescindible construir un futuro común, que salvaguarde los intereses principales de las tres alternativas tradicionales y que una abrumadora mayoría de los puertorriqueños pueda aceptar. Aquello que cada formula de estatus tradicional considere de vital interés, lo mínimo, debe formar parte de la solución.

El problema colonial de Puerto Rico solo se resolverá cuando puertorriqueños y estadounidenses asuman con naturalidad que sus visiones del mundo y sus intereses son distintos, pero no contrarios. Es hora de dilucidar estas diferencias como adultos, es decir, de negociar como negocian las naciones.

Por lo pronto, es saludable que los puertorriqueños hablen de su fragmentación, de su quiebra colonial y de cómo el atractivo económico de antaño se ha hecho sal y agua. Reflexionar sobre la crisis puertorriqueña no acelerará el declive, sino que ayudará a combatirlo. Serán enormes las dificultades que deberán enfrentar los puertorriqueños para generar un sentido de alarma respecto al futuro del país. Pese a ello, reconocer las debilidades propias y los impedimentos para el desarrollo será fundamental para tomar las acciones correctivas necesarias en pos del mejoramiento y la superación de la nación puertorriqueña.

Por otra parte, si la descolonización y la soberanía no fueran el destino natural de los puertorriqueños, ¿cuál podría ser entonces? ¿La condena de ser por siempre un territorio no incorporado de Estados Unidos, es decir, una colonia? En otra palabras, ¿que aquello que se supone fuera estatus colonial transitorio se convierta en perpetuo?

Poco a poco, el tiempo responderá en la negativa a estas preguntas. En la medida que el país deje de tener opciones viables, y se convierta en un territorio estadounidense sin futuro, Estados Unidos tendrá que pagará el costo del desastre. ¿Qué quedaría entonces? Las mismas palabras coloniales vacías, las mismas promesas incumplidas que consolidarán la tragedia.

Quizás a Estados Unidos no les importa o no se sienten incómodos teniendo un territorio colonial estadounidense desbarajustado. Si es así, Puerto Rico siempre será lo que es hoy y peor. Será un laberinto colonial estadounidense imposible de salir. Quizás la única voz que Estados Unidos quiere escuchar es la de los políticos tradicionales puertorriqueños sin visión de mañana que solo quieren mantener el estatus actual del que viven.

El colapso económico y social, la emigración colosal, la indiferencia estadounidense, la estupidez y la incompetencia de los políticos puertorriqueños crearon un camino único que solo se sostiene mediante la interminable catarata de fondos de contribuyentes estadounidenses. ¿Cómo es posible que puertorriqueños y estadounidenses terminaran enredados en tan monumental telaraña colonial?

Esta tragedia fue anticipada por mucha gente que vio venir lo inevitable, pero fue ignorada por aquellos que solo le prestan atención a Puerto Rico cuando es políticamente rentable a sus propósitos electorales, aquí y allá.

Afortunadamente, y pese al tranque, sí existe el consenso de que los puertorriqueños deben ejercer su derecho a libre determinación.

Bajo el panorama actual, sin embargo, es imposible ejercer ese derecho dada la ausencia de definiciones claras de las fórmulas de estatus no coloniales disponibles. El caso de la Libre Asociación es el más evidente, dado que los puertorriqueños desconocen totalmente su naturaleza, sus beneficios y sus implicaciones. Así las cosas, sin definiciones reales y viables, no existe la posibilidad de libre determinación para los puertorriqueños.

Muchas naciones, soberanas o no, han vivido momentos de crisis y desasosiego inimaginables para los puertorriqueños. Tengamos la certeza de que Puerto Rico saldrá de la crisis, y que, en el futuro, recordaremos este tiempo como uno ciertamente muy difícil, pero que trajo una transformación positiva para país.

Puerto Rico vive un momento histórico. Lo que ocurrirá no será resultado de la voluntad aislada o marginada de lo que nos rodea, sino que será de nuestra respuesta lógica y valiente a una realidad que resulta impostergable.

BIOGRAFIA DEL AUTOR

Efraín Vázquez Vera es antillano, puertorriqueño, internacionalista, consultor internacional en temas de diplomacia, relaciones internacionales e internacionalización. Además, es catedrático de la Universidad de Puerto Rico. Fue Director del Departamento de Ciencias Sociales y miembro de la Junta Administrativa de la Universidad de Puerto Rico en Humacao (UPRH). Entre el 1 de julio de 2014 y el 1 de agosto de 2016 se desempeñó como rector de dicha universidad.

Posee un doctorado y maestría en Relaciones Internacionales por la Universidad Complutense de Madrid y es graduado de la Escuela Diplomática de España. Igualmente, posee una maestría en Estudios Estratégicos y Seguridad Internacional por la

Universidad de Granada, España. Ha realizado cursos post doctorales en *New York University*, *Boston University*, *United States Institute of Peace* y *Harvard University*.

Tiene un gran número de publicaciones sobre temas internacionales, caribeños y del desarrollo político y socioeconómico puertorriqueño. Ha recibido las becas del *J. William Fullbright Foreign Scholarship Board* en Jordania del Departamento de Educación de Estados Unidos; *U.S. Speaker and Specialist Grant* en Haití del Departamento de Estado estadounidense.; *Beca del Instituto de Cooperación Iberoamericana* del Ministerio de Asuntos Exteriores de España y la *Beca Presidente* de la Universidad de Puerto Rico.

Entre el 2001 y el 2003 fue Secretario de Estado Auxiliar de Relaciones Exteriores de Puerto Rico. Fue, además, asesor de diplomacia de ciudades del Municipio Autónomo de Caguas y la Asociación de Alcaldes de Puerto Rico, y asesor de relaciones exteriores y diplomacia de la Organización de Estados del Caribe Oriental (OECS).

El Dr. Vázquez Vera tuvo un papel protagónico en la creación de la *OECS Diplomatic Academy*. Ha ofrecido cursos de formación diplomática a funcionarios de los ministerios de relaciones exteriores y otras dependencias gubernamentales de Anguila, Antigua y Barbuda, Dominica, Granada, Isla Vírgenes Británicas, Monserrate, San Cristóbal y Nieves, Santa Lucía, y San Vicente y las Granadinas.

Igualmente, se desempeña como analista de noticias internacionales en estaciones de radio y televisión públicas y privadas nacionales e internacionales. Entre los años 2008-2013 fue Cónsul Honorario en Puerto Rico de Antigua y Barbuda, Dominica,

Granada, San Cristóbal y Nevis, Santa Lucía, y San Vicente y las Granadinas.

El Dr. Efraín Vázquez Vera se desempeñó por más de un año como Jefe de Misión de la Oficina del Estado Libre Asociado de Puerto Rico en la República Dominicana, logrando un repunte del intercambio comercial entre ambos países y el incremento de las relaciones culturales y académicas.

En el 2010, el Rey de España, Su Majestad Juan Carlos I, le otorgó la condecoración de la Orden al Mérito Civil de España en grado de Encomienda en reconocimiento por su labor académica y diplomática en el Caribe.

En el 2015, el Rey de España, Su Majestad Felipe VI, le otorgó la condecoración de la Orden de Isabel la Católica en grado de Encomienda en reconocimiento por su labor académica y administrativa en la educación superior puertorriqueña. **efvave@ gmail.com / @efvave**